목차

        프롤로그 ···2

1화   항공기의 첫 군사적 활용 ···9

2화   비행선의 등장 ···21

3화   비행기의 등장 ···37

4화   1차 세계대전과 항공기 ···51

5화   1차 세계대전의 항공전 ···63

6화   에이스의 등장 ···77

7화   하늘에서 죽음이 ···97

8화   바닷바람 ···115

9화   민간 항공 산업 ···131

10화   콘도르 군단 ···147

11화   영국 본토 항공전 上 ···161

12화   영국 본토 항공전 下 ···179

13화   동부전선의 항공전 ···193

14화   폭격 전쟁 ···209

15화   댐 버스터 ···225

16화   폭탄 아래에서... ···249

17화   진주만 공격 ···265

18화   미드웨이 해전 ···283

19화   태평양을 건너 ···301

20화   전쟁 기계 ···319

21화   굿 모닝 비엣남 ···337

22화   사막의 폭풍 ···357

에필로그 ···373

부록   가벼운 항공기 사전 ···375

인트로

최초의 병종은 보병으로,
'발로 걷는 병사'라는 뜻입니다.

그 뒤로는 인간이 말을 길들이며
기병이 탄생하였고

고대부터 현대까지 보병은
지상 전투의 주역이었습니다.

기병의 기동성은 전투의 큰 변수로 작용하며

화약이 발명되며 생겨난 포병은,

노련한 지휘관은 기병의 돌격으로
전투를 뒤집었습니다.

기동성은 떨어지나 막강한 화력을
뽐냈습니다.

과거 전쟁에선 이 세 가지 병종을
서로 조화롭게 지휘하는 자가 승리하였습니다.

그러나 20세기에 본격적으로 등장한 항공기는
이후 전쟁의 양상을 통째로 바꿨습니다.

각종 항공폭탄, 대전차 미사일,
대함 미사일 등으로 무장한 항공기는

지상의 전선을 넘어 적의 영토를 직접 공격하는
항공기의 기동성은 과거의 기병 이상이며,

과거의 포병과 같은 강력한
화력 또한 겸비했지요.

항공 기술이 더욱 발달하기 시작한
2차 세계대전부터는 항공기의 존재감이
더욱 커졌습니다.

제공권을 장악한 군대는
대부분의 전투에서 승리했습니다.

강력한 공군력은 국가의 과학기술과 자본이 총 집약된,
오늘날 국방의 최전선이 되었지요.

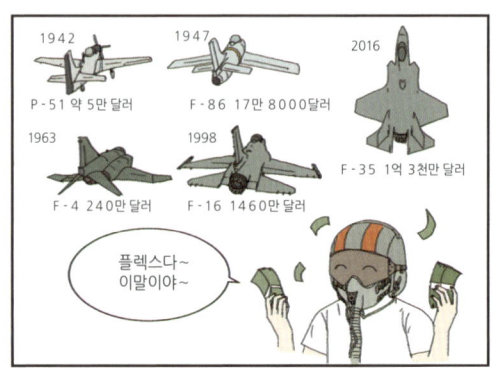

항공기는 이제 현대적인 군대 자체를 상징하는
하나의 아이콘이기도 합니다.

그러나..

항공기와 처음부터
이런 영광이 함께 한 것은 아니었습니다.

1986년, 영화 〈탑건〉 개봉 후 군의 지원율이
상승하였고, 미군은 영화관 안에서
모병 부스를 운영하기도 했습니다.

항공기의 기원, 나아가 군사적 사용은 라이트
형제 이전으로 거슬러 갑니다.

인류 최초의 항공기는 우리에게도 친숙한
'연'이고, 이 연을 최초로 군사적으로
활용했다고 알려진 사람은...

초한지에 등장하는 한나라 장수 한신입니다.

한신은 땅굴을 성벽의 내부로 파내어
성을 함락시키려고 시도했는데...

정확한 거리를 가늠할 수 없어 어림짐작으로
굴의 입구를 파냈지만

매번 처참히 실패하고

그렇다고 직접 성벽까지의 거리를
정확히 측정하기에는...

성벽 위 적의 저항이 너무 강했지요.

이에 한신은 마침내 한 가지 책략을
생각해냈습니다.

거리를 표시한 줄에 매단 연을 날려보내 성벽까지의 정확한 거리를 계산한 것이죠.

그 외에도 연은 중국에서 다양하게 쓰였습니다.

대표적으로는 신호를 주고받는 것이었는데

6세기 경 대형 연에 사형수를 매달고 떨어뜨려 처형했다는 특이한 이야기도 있습니다.

이 사형수는 어쩌면 최초의 유인 비행 경험자일지도 모릅니다.

연을 이용한 비행은 생소한 개념이지만, 꾸준히 개발되었고

1차 세계대전 무렵에는 연을 통한 유인 비행으로 정찰을 시작했지요.

2차 세계대전에서는
미 해군이 적 항공기가 그려진 연을 대공포의
표적지로 사용하기도 하였습니다.

연에 안테나를 붙여 전파의 송수신 거리를
늘릴 수도 있었습니다.

실제 항공기의 기동을 모사할 수 있었기에
더욱 사실적인 훈련이 가능해졌죠.

조난신호용 통신 연을 구명보트에 싣기도 했죠.

제지업자 집안의 몽골피에 형제가 종이가방을
말리던 중 가방이 떠오르는 걸 보고

항공기는 18세기 말 프랑스에서
더 진보합니다.

열기구의 아이디어를 얻었던 것입니다.

몽골피에 형제는 프랑스 왕실의 지원으로
열기구 개발을 진행하여

1794년에는 드디어 세계 최초의 공군 부대인
기구 중대가 창설되었는데

1783년 베르사유 궁전에서
최초의 유인 비행 시연에 성공했습니다.

이 기구의 승무원들은 공중에서
망원경으로 적의 진영을 정찰하고

깃발을 통한 신호와 추에 매단 쪽지를
내려보내는 것으로 정보를 전했습니다.

전투의 승리와는 별개로 프랑스군 지휘관들은
기구 중대를 그다지 중요하게 생각하지 않았고

기구 중대는 이후 별 활약 없이 전전하다가

일부 지휘관들은 의회가 전쟁터에 병사가 아닌
풍선을 보냈다며 비꼬기도 했습니다.

1801년 나폴레옹의
이집트 원정과 함께 해체됐습니다.

그 후로 기구가 다시 전쟁에 등장한 것은

남군과 북군 모두가
열기구를 정찰 임무에 동원하였는데

미국의 남북 전쟁이었습니다.

이들의 주요 임무는 아군의 포병과 연계하여 적에게 화력을 유도하는 것이었습니다.

이전보다 고무적인 점은 유선 전신을 이용한 모스 부호로 지상과 열기구 간의 교신 속도가 향상되었다는 점입니다.

북군 해군은 바지선에 가스 주입기를 장착해 기구를 이착륙시키며 공중 정찰로 북군 함선들의 포격을 유도하기도 했지요.

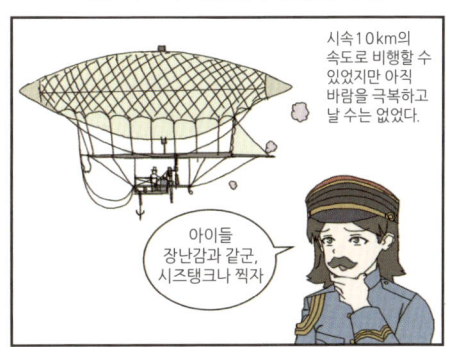

그리고... 1852년, 프랑스에서 3마력 증기엔진을 지닌 최초의 비행선이 등장합니다.

최초의 자체동력 비행이 가능한 '항공기'가 등장한 것입니다!

항공기의 첫 군사적 활용

우리에게 전통놀이로 익숙한 연, 유유자적 하늘을 떠도는 기구는 무해해 보이는 인상과 달리 군사적으로 쓰인 최초의 항공기였습니다.

연은 신호를 전달하는 통신 수단인 '신호연'으로 전쟁에서 사용되었습니다. 군대는 지휘관의 명령을 전달하는 데 북과 깃발 등의 신호를 사용해 왔지만, 전장의 소음과 혼란 속에서 명령을 정확히 전달하는 것은 어려웠지요. 반면 하늘 위를 나는 연은 직관적으로 병사들에게 명령을 전달할 수 있었지요.

그림과 색뿐만 아니라 호각을 매달아 소리를 내어 신호를 전달하기도 하였으며, 연을 이용해 외부로 정보를 보내는 간첩 행위를 막기 위하여 민간인의 연날리기가 금지되기도 했습니다. 해상에서도 시인성이 좋은 신호연은 좋은 통신 수단이었습니다. 임진왜란 당시의 조선 수군도 신호연을 이용해 함대를 지휘했지요. 근대에 이르러서는 전파를 수신, 발신하는 안테나 역할을 하거나 소형 카메라를 매달아 항공사진을 촬영하기도 했습니다.

사람이 탑승할 수 있는 기구는 정찰 임무에 쓰였습니다. 남북전쟁과 1차 세계대전에서는 포격을 유도하는 임무에 정찰 기구를 사용했지요. 별도의 동력 없이도 한자리에 머무르는 기구의 특징은 전선이 고착화된 참호전에서 장시간 지역을 정찰하기에 적합했습니다.

오늘날 기구는 레포츠 외에도 기상 관측 용도나 오지에서의 통신에 활용됩니다. 2023년에는 각종 정찰 기기를 탑재했다는 의혹을 받는 일명 '스파이 풍선'으로 불리는 중국의 기구가 논란을 일으키기도 했지요. 2018년부터 팔레스타인에서는 연에 불씨를 매달아 띄워 이스라엘 경작지에 화제를 일으키는 데 사용하기도 했습니다.

> 인트로

1852년, 프랑스에서 최초의 자체 동력
비행 항공기가 등장합니다.

3마력 증기엔진을 지닌 지파르 비행선이 그것입니다.

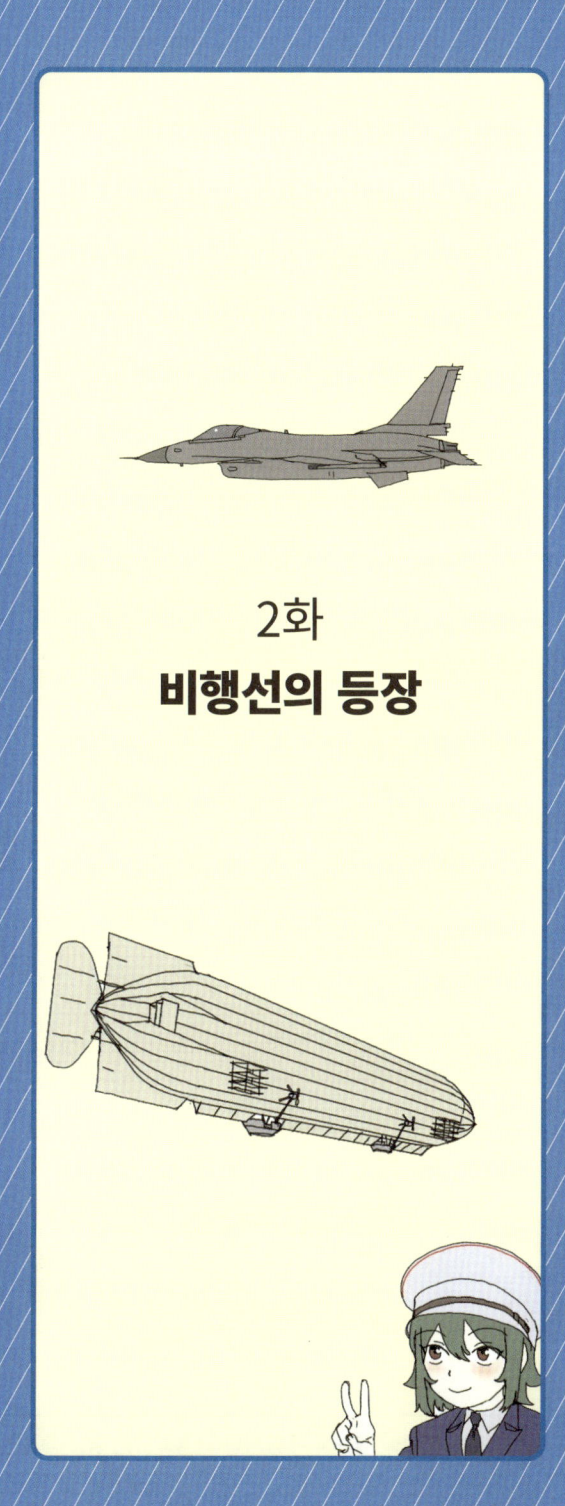

2화
비행선의 등장

이미 사용되고 있는 기구에 동력 장치를 장비하여 동력 비행을 성공시킨다는 생각은

이론적으로 비행기보다는 훨씬 현실적으로 보였을 것입니다.

그러나 비행선의 발명 또한 쉬운 일은 아니었습니다.

공중에 떠 있는 물체를 추진하는 법을 아무도 몰랐죠.

어떤 이는 풍선의 한쪽 면에 구멍을 내어 기체를 방출하며 전진하려고 시도하였고

심지어는 길들인 독수리나 돛을 달기도 했습니다만, 당연히 실패했죠.

공학자들은 마침내 물고기와 증기선에서 영감을 얻어

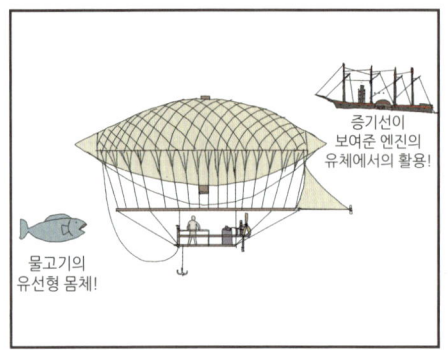

증기기관으로 추진하는 비행선을 만들어냈습니다.

그러나 비행선은 바람을 극복하지 못했지요.

당시의 기술력으론 경량 증기엔진의 중량 대비 출력이 충분하지 못했던 것입니다.

그 뒤로도 여러 공학자들이 고민했지만, 바람을 극복하는 비행은 어려웠습니다.

그러나 세간의 비웃음에도 비행선의 제작에 일생을 바친 한 남자가 있었습니다.

사람들은 흥미를 잃었고, 정부와 사업가는 비행선의 현실성을 의심하기 시작합니다.

독일 남서부의 작은 나라 바덴 대공국에서 귀족의 아들로 태어난 체펠린은

어릴 적부터 기술학교에 다니며 과학과 공학에 큰 흥미를 가졌습니다.

그는 가문의 전통에 따라 군에 입대하였고

연락장교로서 남북전쟁 중의 미국으로 파견되었지요.

엔진의 추력 대비 중량 문제의 해답으로는

이전의 비행선에 쓰였던 기존의 증기 엔진과 전기 모터가 아닌, 최신 가솔린 엔진을 채택했지요.

거대한 경식 비행선의 넉넉한 부력은 운송 가능한 화물의 무게도 크게 늘려주었고

이른바 규모의 경제를 실현할 수 있을 것입니다.

체펠린은 군에 비행선의 시제품 제작 지원을 요청했으나

그의 비행선이 터무니없다고 생각한 군은 두 번이나 지원을 거절했습니다.

체펠린은 눈을 돌려 민간에서 자본가들의 투자와

채권 판매로 자신의 비행선 계획을 완성하고자 했습니다.

비행선의 제작은 시행착오를 거치며 진행되었고...

마침내 체펠린 백작의 첫 번째 비행선인 LZ 1은

1900년 7월 2일 세상에 공개됩니다.

LZ 1은 절반의 성공과 절반의 실패였습니다.

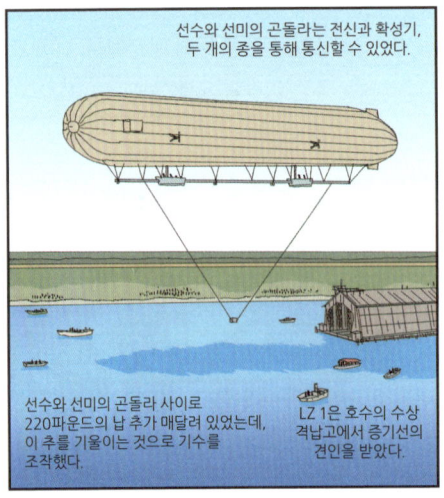

체펠린은 실패를 분석하며 비행선을 개량하려고 했으나...

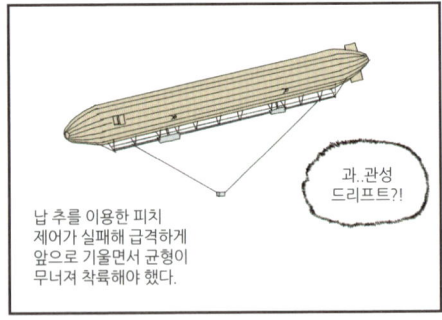

다음 비행선을 제작하기 전에 회사는 문을 닫게 됩니다.

독일 금융가가 불황에 빠져 재정이 급격하게 나빠진 것입니다.

체펠린의 계좌는 바닥나고 있었고, 외가의 유산까지 담보로 맡기며 LZ 2의 개발을 이어나갑니다.

그럼에도 채권자들에게 갚아야 할 돈은 모자랐는데,

체펠린을 파산에서 구한 건 독일이 아니라 프랑스였습니다.

프랑스 육군이 정찰용 비행선을 개발하기 시작했고

카이저는 독일에도 이에 맞설 비행선이 필요하다고 느꼈기 때문입니다.

지원금을 받은 체펠린의 새로운 비행선은 7개월 만에 빠르게 완성되었고

LZ 2는 구조와 엔진, 제어장치가 개선되어 제작됩니다.

1906년 1월 17일, LZ 2는 날아올랐지만
문제가 발생합니다.
*벨러스트가 너무 가벼웠습니다!

LZ 2는 순식간에 치솟았습니다.

1,500피트 상공까지 상승한 LZ 2는
측풍에 표류하기 시작했고

승무원들은 가스 밸브를 열고 앵커를 내려
고도를 낮춥니다.

거대한 LZ 2는 고도를 낮추며
한 농가로 돌진했는데
마침 농부의 딸이 빨래를 널던 중이었습니다.

이 시골 소녀는 놀라지도 않고
빨래가 날아간다며 비행선에게
화를 냈다고 합니다.

농부들의 도움으로 LZ 2는 바이에른의
시골 마을에 착륙합니다.

LZ 2는 선수와 선미가 묶여 정박되었는데

그들은 측풍의 위험을 아직 몰랐고,

밤새 LZ 2는 측면이 바람에 갈기갈기 찢겨 파괴됐습니다.

이번에도 파산한 체펠린은 이제는 더는 비행선을 만들지 못할 것이라고 생각했습니다.

사람들과 언론은 그가 망상에 빠져서 가산을 탕진했다고 비웃었습니다.

그러나 또 다시 이웃나라들이 그를 구했습니다.

프랑스와 영국, 러시아에 대항하기 위해선, 역시 독일에는 비행선이 필요했습니다!

정부는 한 가지 조건으로 50만 마르크를 지원했습니다.

"최소 435마일을 24시간 동안 비행하고 고도 3,900피트까지 상승하고 귀환할 것!"

만약 이 조건을 수행할 수 있다면 그의 비행선은
독일 정부의 우선 계약 대상이 될 것입니다.

체펠린의 후속기인 LZ 3는
기술적인 성공작이었습니다.

7시간 54분의 장거리 비행을 성공시켰고,
그를 보는 시선은 달라졌습니다.

다음 기체인 LZ 4부터 정부의 지원은
순조로웠습니다.

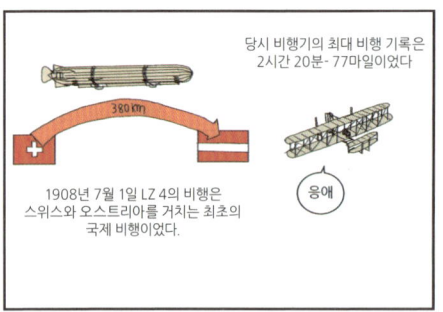

그다음 비행에서 체펠린은 드디어
24시간 비행을 시도했지만

12시간 만에 236마일을 주파한 LZ 4는 정부가
내건 조건의 정확히 절반을 충족시켰고

이륙 11시간 만에 엔진 고장으로
정박해야 했고

LZ 4는 밤 사이 정박 중에 폭풍우에 불타버렸습니다.

채팰린 백작은 그의 꿈, 비행선의 잔해를
묵묵히 바라보았습니다.

타다 만 알루미늄 조각만이 초원 위에
널부러져 있었습니다.

백작과 승무원들은 무사했고,
현장의 수습 후 쓸쓸히 돌아갔습니다.

그러나 대중의 반응은
이전까지와는 사뭇 달라졌죠.

이 사고는 모든 언론사에서 보도되었고 다음날부터는 백작의 우편함으로

비행선을 지원하기 위한 국민들의 후원이 끝없이 이어졌습니다.

금융계, 도시의 의회, 작은 마을, 해외 거주 독일인, 그리고 아이들의 저금통....

정부가 LZ 3에 지원했던 금액의 10배가 넘는 600만 마르크가 모였습니다.

뿐만 아니라 독일 정부는 성능이 충분히 검증되었다고 판단하고 LZ 3를 군용으로 구매하였고

카이저 자신이 직접 격납고를 방문하여 체펠린 백작을 "항공 정복자"로 명명하였습니다.

70세의 괴짜 노인이라고 불렸던 남자는 독일인들의 영웅이 되었습니다.

그의 실패는 오히려 고전 그리스 비극처럼 백작의 이야기를 신화적인 이야기로 만들었습니다.

한편 체펠린이 비행선의 영감을 얻었던 미국에는

체펠린과 닮았으면서, 어떤 면에선 정 반대라고
할 수 있는 한 형제가 있었으니

앞으로 백작의 비행선과 싸우게 될 비행기의
아버지, 라이트 형제입니다.

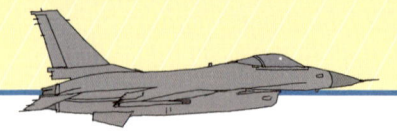

비행선의 등장

'공기보다 무거운 기계'인 비행기가 하늘을 날 수 있는 이유를 설명하려면 많은 이론이 뒷받침되어야 합니다. 반면 비행선의 원리는 간단합니다. 공기보다 가벼운 기체가 담긴 기낭의 부력만 충분하면 공중으로 떠오를 수 있죠. 이러한 방식을 일명 '공기보다 가벼운 비행'으로 부릅니다. 비행선의 개발은 이미 존재하는 기구애 추진력을 더한다는 간단한 이론 만큼이나 기술적인 난이도 또한 낮았기 때문에 먼저 성공할 수 있었지요.

1852년 9월 24일에 앙리 지파르*가 개발한 비행선이 인류 최초의 동력 비행의 시대를 열었습니다. 이 비행선은 150kg의 증기 엔진으로 3마력의 출력을 낼 수 있었으며, 시속 8km로 총 27km를 날았습니다. 바람이 잔잔한 날에는 문제가 없었지만 바람이 거세지면 이리저리 흔들리며 제어가 불가능해졌습니다. 바람을 이겨내려면 더 강한 출력을 내거나 더 가벼운 엔진이 필요했습니다. 비행선 제작에 일생을 바친 독일의 체펠린 백작**은 다임러 벤츠의 전신이 되는 기업인 다임러와 손을 잡았습니다. 다임러의 14.7마력 가솔린 엔진은 25kg당 1마력을 낼 수 있었지요. 지파르의 증기 엔진에 비교하면 중량 대비 추력이 2배 향상된 겁니다. 가솔린 엔진의 힘으로 체펠린의 비행선은 마침내 바람을 가르며 자유롭게 날 수 있었습니다.

---
* 1825년 2월 8일 ~ 1882년 4월 14일
** 1838년 7월 8일 ~ 1917년 3월 8일

비행선은 기낭으로 부력을 얻기 때문에 비행기와 달리 양력을 얻고자 끊임없이 추진할 필요가 없었습니다. 오로지 이동에만 출력을 사용해 연비가 훌륭했죠. 비행기와는 비교도 되지 않는 무거운 화물을 수송할 수 있다는 장점도 있었습니다. 비행선 LZ 1은 고작 30마력 남짓의 엔진으로 80분 동안 승무원 5명과 이들이 탑승한 알루미늄 곤돌라 2개, 납 추 100kg, 엔진 770kg, 기체를 이루는 트러스트 구조물과 외장 부품 6.5톤을 추진할 수 있었습니다. 반면 라이트 형제의 플라이어 1호는 단 1명의 승무원을 태우고 비행하는 데 12마력 가솔린 엔진을 사용했습니다.

이렇게 보면 비행선은 비행기보다 압도적으로 효율적으로 보이지만, 아쉽게도 비행선에는 모든 장점을 상회하는 큰 단점이 있었습니다. 바로 기상 상황에 너무나 민감하다는 겁니다. '공기보다 가볍다'는 장점은 수많은 비행선을 공중에서 난파시켰습니다.

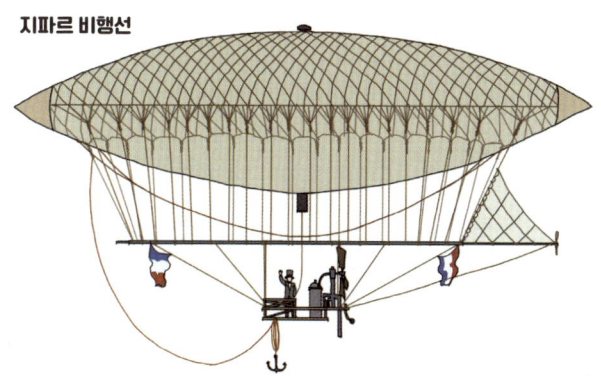

지파르 비행선

인트로

때는 20세기 초, 과학의 발달로
더 이상 비행은 신화의 영역이 아니었습니다.

많은 공학자들이 하늘을 자유롭게 비행하는
기계를 만들고자 도전했습니다.

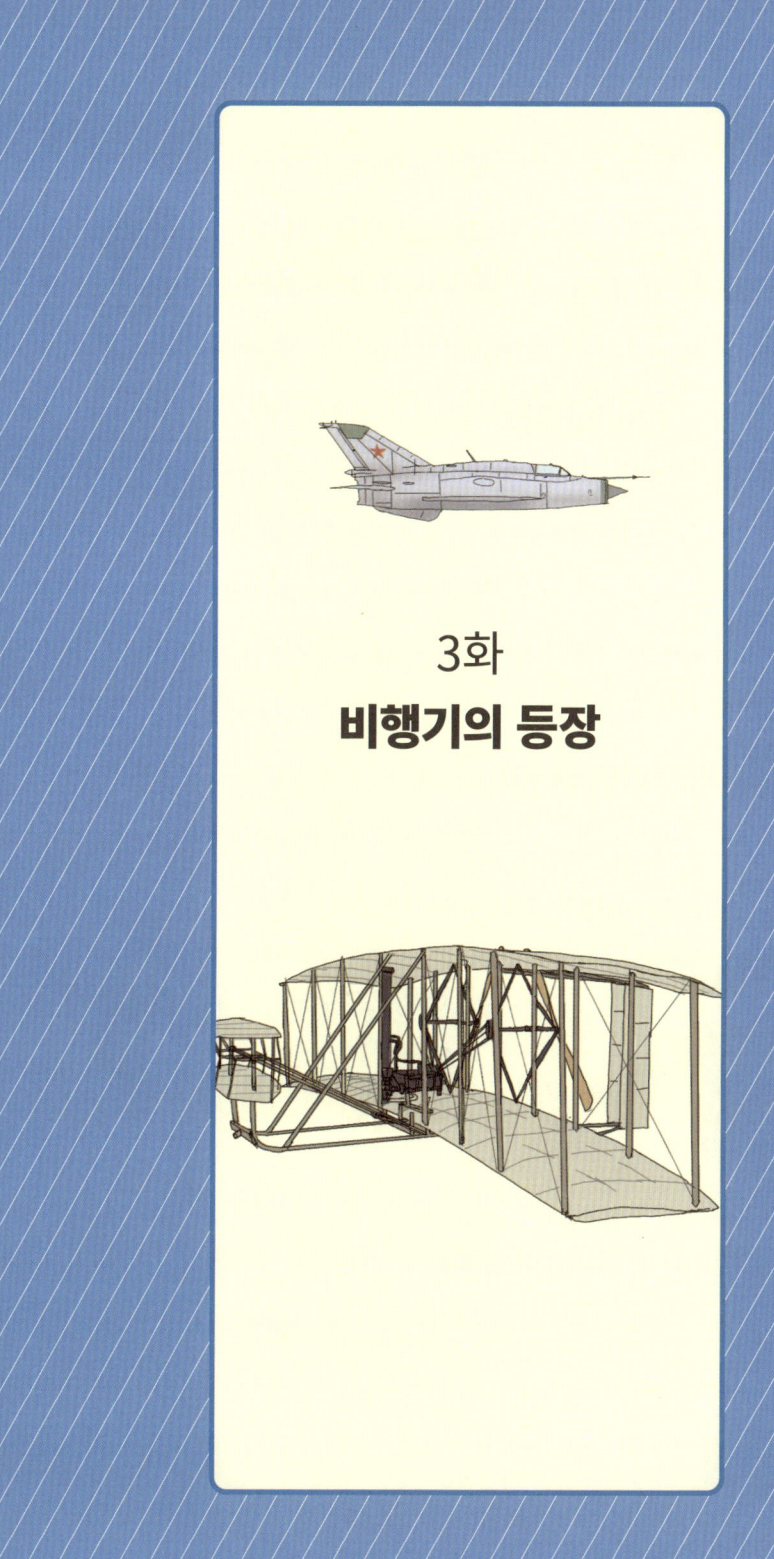

3화
비행기의 등장

당시 항공기 개발 개념은
크게 두 가지로 나뉘었습니다.

공기보다 무거운 기계로
하늘을 난다는 개념입니다.

공기보다 가벼운 기계로 하늘을 난다는 개념과

1903년 12월 17일,
라이트 형제의 플라이어 1호가 최초로
"공기보다 무거운 비행"에 성공하였고

체펠린 백작이 열기구에서
비행선을 구상하였듯이

우리에게도 비행기의 아버지로서
잘 알려져 있습니다.

플라이어 1호 또한 항공 개척자들의 영향을
받았습니다.

인류가 처음 만난 비행사는
새와 곤충이었습니다.

항공 개척자들은 원본의 역설계를
시도했습니다.

많은 이들이 비행의 비밀을 알아내려고 했죠.

새와 곤충은 날갯짓으로 비행하는 것이
분명해 보였지만...

이 오르니톱터라고 불리는 새의 날갯짓을
모방한 장치는

새와 인간의 해부학적 구조가 근본적으로
다르다는 것은 17세기에 가서야 밝혀졌습니다.

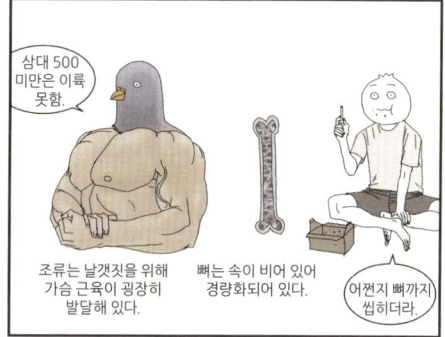

이론적으로는 완벽했지만
작동하지 않았습니다.

18세기, 영국의 조지 케일리 경은 비행에 공학적으로 접근했습니다.

그는 비행에 작용하는 4가지 힘을 정립하였으며

날개로 양력과 추력을 동시에 만들고자 한 복잡한 오르니톱터의 날개를 버리고

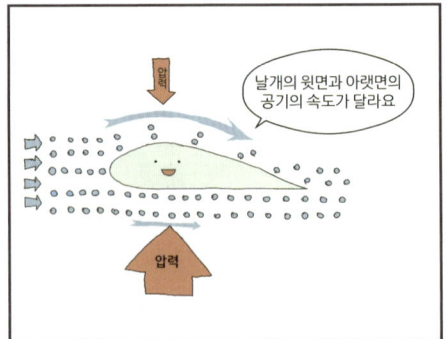

고정되어 양력만을 얻는 날개의 형상, 에어포일을 고안했고

최초의 현대적인 글라이더를 제작하여 활공 비행에도 성공했습니다.

그러나 조지 케일리 경은 결국 비행기를 추진할 동력을 찾지는 못했습니다.

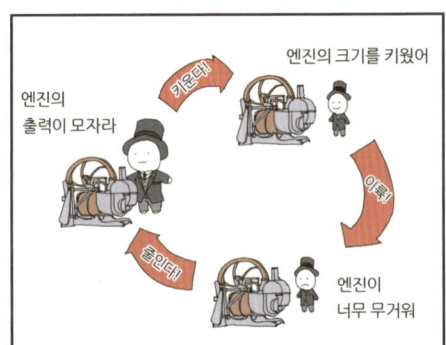

엔진의 중량 대비 추력의 문제에 부딪힌 것입니다.

경량 엔진이 이제 비행의 마지막 열쇠였습니다!

맥심 기관총으로 전쟁사에 새로운 시대를 연 맥심은 항공사에서도 족적을 남기고자 합니다.

문제 해결을 시도한 공학자 중 라이트 형제 다음으로 유명한 사람은 하이럼 맥심일 것입니다.

그는 기관총 사업으로 벌어들인 돈으로 거대한 리바이어던이라는 이름의 비행기를 개발합니다.

선로위에서 활주하여 2피트 가량 이륙하였습니다.

두 개의 180마력 증기엔진이 달린 이 거대한 비행기는

이 거대한 괴물은 잠시 떠오르는 것에는 성공했지만

그것은 비행이라기에는 자체 동력으로

이륙이 가능하다는 것을 증명하는 정도였지요.

다시 라이트 형제 이야기로 돌아가서....

라이트 형제는 어릴 적 아버지에게서 장난감 비행기를 선물로 받은 후부터

비행에 대한 관심을 갖기 시작하였습니다.

자전거 사업을 운영하던 형제는 독일의 글라이더 개발자

오토 릴리엔탈의 이야기를 읽으며 다시 꿈을 키웁니다.

대학에서의 정규 교육과정, 정부나 자본가의 지원조차도 없이

라이트 형제는 손수 글라이더를 제작하며 경험을 쌓기 시작합니다.

라이트 형제는 시행착오를 거치며 글라이더를 개량했고

충분한 비행 경험과 성능을 확보했다고 판단, 엔진을 개발에 착수합니다.

그들은 알루미늄 소재의 가솔린 엔진을 쓰기로 정하고

러프 스케치로 엔진을 6주 만에 제작해냈고

당시 선박용 스크류를 그대로 쓰던 프로펠러도 항공기용으로 개량했습니다.

형제는 에어포일을 적용한 새로운 항공 프로펠러를 개발하였습니다.

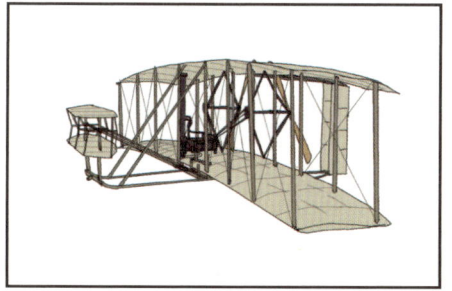

마침내 플라이어 1호는 완성되었습니다!

1903년 12월 17일, 형제의 플라이어 1호는 자유롭게 날아올랐습니다.

정규 엔지니어 교육을 받은 적이 없었던 이 형제가 비행의 꿈을 이루어낸 것은

호기심과 자유로운 사고의 힘이라고 할 것입니다.

허나 엔지니어로서의 라이트 형제는 천부적이었지만 사업가로서는 그렇지 않았습니다.

라이트 형제는 기술이 유출되는 것을 두려워 해 공개적으로 잘 비행하지 않았고,

형제와 경쟁자들은 대중 앞에서의 여론전과 지루한 특허 법정공방을 이어나갔습니다.

이후 라이트 형제는 새로운 비행기를 개발하기 보다는 특허권을 통한 로열티 수익을 추구했습니다.

1914년에는 형 윌버 라이트가 장티푸스로 사망,

홀로 회사를 이끌던 오빌 라이트는 회사를 운영하는 것에 염증을 느끼기 시작했고

1915년에는 커티스 사에 회사를 매각했습니다.

항공 개척자들의 노력은 개화하여 이제 항공기의 시대가 시작되었습니다.

시장은 여러 경쟁 업체들과 젊은 엔지니어들로 활기를 띄고 있었습니다.

그리고 항공기는 상업적으로 쓰이기에는 아직 부족했지만

다른 용도로는 충분한 성능이었으니....

비행기의 등장

날짐승과 날벌레들은 모두 날개를 가지고 있습니다. 그들에겐 수소나 헬륨가스, 고온의 공기가 들어찬 주머니 따위는 필요 없었지요. 이들은 마치 숙련된 전투기 파일럿처럼 상승, 회전, 가속, 감속, 다이빙은 물론 정지 비행까지 해냈습니다. 이들은 인간에게 한 쌍의 날개만으로도 자유롭게 하늘을 날 수 있다는 사실을 알려주었습니다.

인간은 자연을 모방해 날갯짓 비행에 도전했지만 결과는 좋지 않았습니다. 일명 오르니톱터는 인공 날개를 인력으로 휘저어 날아오르는 장치였습니다. 그러나 용감한 비행사들은 이륙을 시도하는 족족 추락해 곤두박질쳤습니다. 인간과 새의 해부학적 구조가 구조가 근본적으로 달랐지요. 새는 뼈 내부가 군데군데 비어 있는데다 체중의 1/3 이상은 날개짓을 하는 가슴근육이었습니다. 인간은 날개짓으로 날아오르기엔 너무 무겁고, 가슴근육은 너무 약했습니다.

결국 긴 시간 동안 비행은 불가능해 보였습니다. 영국에서 조지 케일리*가 등장하기 전까지 말입니다. 그는 현대적 항공 기술의 아버지 중 한 명으로서 비행에 작용하는 4가지 힘인 추력, 항력, 양력, 중력을 정의했습니다. 또한 새 날개를 모방한 '날개를 단 인간'의 개념에서 벗어나 새 전체를 모방하는 기계를 만들었습니다. 바로 글라이더입니다. 오르니콥터

---
* 1773년 12월 27일 ~ 1857년 12월 15일

의 날갯짓으로 양력과 추력을 동시에 얻는 구조는 너무나 복잡했습니다. 날개를 고정해 양력만을 얻도록 한 그의 최초의 글라이더는 성공적으로 하늘을 활공했습니다. 이제 충분히 가벼우면서 충분한 추진력을 내는 엔진이 필요했습니다. 경량 엔진이 진정한 비행을 위한 마지막 과제였던 겁니다.

이후 라이트 형제가 1903년 가솔린 엔진을 장착한 플라이어 1로 비행을 성공할 때까지 '공기보다 무거운 비행'을 주장하던 사람들은 비행선을 지지하던 항공 기술자들에게 무시당하곤 했습니다. 비행기의 개발은 그들에게 잘해봐야 무모한 스포츠나 창의적인 장난감 정도의 취급을 받았습니다. 분명한 사실은 몽골피에 형제**의 열기구가 떠오른 1783년부터 1903년까지는 기구만이 인간을 태우고 비행할 수 있는 유일한 수단이었습니다. 그러나 항상 누군가는 날기 위해서 헛간에서 날개를 차고 뛰어내렸습니다.

라이트 형제가 만든 플라이어 2호가 원을 그리는 선회비행을 하는 모습을 목격한 사업가 아모스 루트는 마치 그랜드 캐니언이나 나이아가라 폭포 정상을 보는 것만큼이나 경이롭고 숭고한, 종교적인 감정을 느꼈다는 기사를 남겼습니다. 마침내 인간이 새처럼 날 수 있게 된 겁니다.

** 형 조제프 미셸 몽골피에(1740년 8월 26일 ~ 1810년 6월 26일), 동생 자크 에티엔 몽골피에 (1745년 1월 6일 ~ 1799년 8월 2일)

플라이어 1호

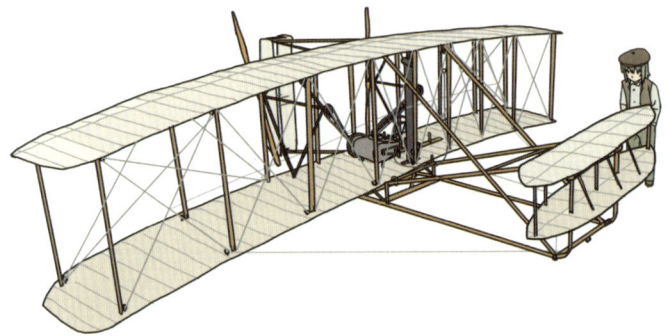

바람이 잘 불어 이륙이 용이했던 키티호크에서 비행했습니다.
- 12마력 가솔린 엔진
- 중량 274kg
- 최고 시속 48km/h

캐터펄트와 플라이어 2호

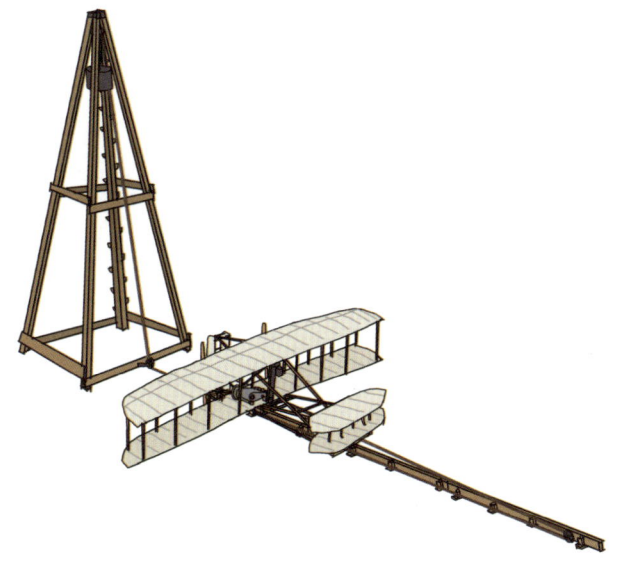

 플라이어 2호는 1호에 비해 더 튼튼한 목재를 사용하여 제작되었으며, 주익의 형상을 개선하였으나, 플라이어 1호와 크게 다르지 않았던 설계의 기체였습니다.
 바람이 적은 데이턴에서 이륙하기 위해 고안한 캐터펄트. 금속 추가 떨어지는 힘으로 이륙을 도왔습니다.

인트로

1차 세계대전은 오스트리아 대공의 암살을
도화선으로 발발한 전쟁입니다.

이 사건으로 오스트리아가 세르비아를
공격했고

이후 동맹국들이 엮여들며
유럽 전역에서 전쟁이 시작됩니다.

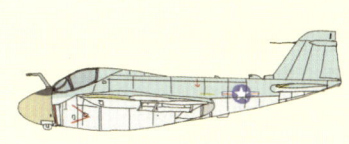

4화
1차 세계대전과 항공기

독일이 주축인 동맹국은
양면 전쟁을 하고 있었고

먼저 서쪽의 프랑스에 전력을 집중한다는
슐리펜 계획을 실행합니다.

하지만 보급의 문제와 벨기에의 저항,
영국의 빠른 참전으로 발이 묶였고

속전속결로 전쟁을 끝낸다는 계획은
실패했습니다.

그리고 기관총과 현대화된 포병의 강력한 화력은

양측이 상대방의 전선을 돌파할 수 없게
만들었습니다.

이러한 소모전은 철도를 통해서
대량의 보급품을 전선으로 보낼 수 있게 됨에
따라서 유지되었습니다.

나폴레옹 전쟁까지는
보급의 열악함으로 한 번의 대병력 간의
회전으로 승부가 결판났지만

철도를 통한 병력과 보급품의
효과적인 증원이 가능해진
결과는 달랐습니다.

이러한 참호 전쟁에서 적을 정찰할 수 있는
방법은 항공 정찰뿐이었고

이것이 양측 조종사들의 첫 번째 임무였습니다.

적의 진지, 포병대의 위치, 보급로 같은 정보를
직접 그리거나 카메라로 찍어 보고했습니다.

사령부에서는 이 정보를 토대로 작전을
구상하고 공격을 실시했습니다.

초기에는 조종사들이 직접 카메라를
손으로 들고 촬영해야 했지만,

점차 항공기에 직접 거치되는 방식으로
발전합니다.

이렇게 촬영된 사진들을 모자이크처럼 맞춰
한 장의 항공지도를 만들었습니다.

이 항공지도에 지리학을 접목해 군사 기지,
보급품 창고, 장애물 등을 구분해냈죠.

그렇게 정찰이 이루어지고 나면 포병을 통해서
정확하게 공격할 수 있었습니다.

전쟁이 길어지며 병사들은 항공기가 나타나는
것을 적의 포격의 징후로 보게 됩니다.

빠른 경우에는 전선에서 촬영된 항공사진이

한 시간 만에 군단 사령부까지도 전달될 수
있었기에 아주 과장된 말은 아니지요.

현재까지도 항공 정찰과 포병의 연계는
강력한 전술로 활용되고 있으니

그때부터 큰 가능성을 보여줬다고
할 수 있습니다.

1차 세계대전 후기에 전차가 등장하고는
항공 정찰을 통해서 대전차 장애물을 찾아내어

전차의 공격로를 지시하기도 했지요.

그러나 비전투 보직이어도 결코
안전한 임무는 아닙니다.

당시의 항공기는 고장이 잦은,
신뢰성이 낮은 기계였죠.

낙하산도 아직 보급 전이기에 공중에서의
고장은 곧 죽음을 의미했습니다.

또한 조종사들은 공중에서 방향을 알기 위해서
지상의 지리적 특징을 관찰해야 했고

이는 적의 화망이 닿는 저공에서
비행해야 했다는 것을 의미합니다.

항공 정찰이 양측에서 빈번해지며 우연히
상대방의 정찰기를 마주치는 경우도 있었지만

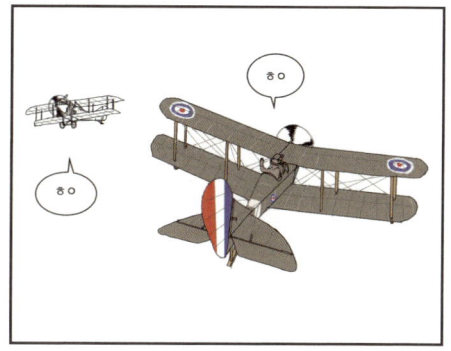

당시 양쪽 항공기들은 서로 손을 흔들거나
인사의 의미로서 가볍게 날개를 흔들고
지나치곤 했습니다.

그러나 전쟁이 격화되며 점차 파일럿들은
상대방에게 권총이나 소총을 쏘기 시작합니다.

심지어는 밧줄을 휘두르거나 벽돌을 던져
정찰을 방해하려고 했습니다.

그러나 항공기 처럼 빠르게 움직이는 물체를
소총이나 권총으로 맞춘다는 것은 힘든 일이였고

항공기를 공격하려면 기관총이 필요했습니다!

초기에는 승무원이 직접 기관총을 들고
사격하기도 하였지만,

역시 항공기에 직접적으로
거치될 필요가 있었습니다.

문제는 어떻게 장착할 것인가 하는 것이었죠.

가장 직관적인 방법은 기체의 전면부에
기관총을 장착하는 것이겠지만...

프로펠러가 사선을 막고 있으니 이런 식으론
탄환이 프로펠러를 부수고 말 것입니다.

어떻게 하면 스스로를 쏘지 않으면서
탄환을 적에게 발사할 수 있을까?

이 문제에 대한 공학자들의 대답은
다양했는데...

기관총을 날개 위에 달자!

기관총을 뒤에만 달자!

날개에 기관총을 달자!

프로펠러가 총알을 맞아도 괜찮게 만들자!

프로펠러를 기체의 뒤에다 달자!

탄환이 프로펠러에 맞게 되면 세모난 강철 블록이 탄환을 도탄시켜요

무식해 보이지만 잘 작동했다. 그러나 도탄된 탄환이 어디로 날아갈지 모른다는 문제와 프로펠러의 내구도 문제로 널리 쓰이지 못했다.

푸셔 식이라고 불리는 방식, 초기에는 꽤나 활약했지만 프로펠러의 크기가 제한되고 엔진의 냉각에도 불리한 등의 단점으로 널리 쓰이진 못했다.

최초의 공대공 격추를 해낸 것도 푸셔식 항공기였지요.

이처럼 여러 가지 창의적인 해결법이 등장했지만

우리의 과학력은 세계제이이이이일!!!

근본적인 문제를 해결한 것은 바로 독일인들이었습니다.

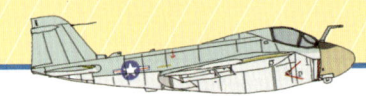

1차 세계대전과 항공기

1차 세계대전이 발발하기 직전의 비행기는 동력 글라이더에 가까웠습니다. 목재와 캔버스 천으로 만든 이 비행기들은 바람에 쉽게 흔들렸으며 급격한 기동을 취하면 공중에서 분해될 수 있었습니다. 독일 쪽에서 불어오는 시속 60km의 맞바람을 맞으며 비행하던 연합국 조종사들은 종종 자신이 거의 공중에 정지해 있는 것처럼 느꼈습니다. 150km 남짓의 속도로 비행하던 당시의 항공기들에게는 이 정도의 바람도 비행에 치명적이었습니다.

러일전쟁부터 시작된 참호전에서는 더 이상 전통적인 정찰로는 의미 있는 정보를 얻기가 어려워졌습니다. 이 때문에 항공 정찰의 중요성은 더욱 증가했지요. 정찰기구는 1차 세계대전에서 본격적으로 사용되었습니다. 정찰기구는 기동성 부재로 1910년대부터 비행기와 비행선으로 대체되며 서서히 군에서 도태되고 있었으나, 전선이 고착화된 1914년부터는 다시 본격적으로 이용되었습니다. 전쟁이 끝날 때까지 연합국은 정찰기구를 약 4,000여 기를, 독일군은 2,000여 기를 전선에 배치했습니다.

정찰기구들은 목표물을 잠시 스쳐가며 관찰하는 항공기에 비해서 24시간 감시가 가능하다는 장점을 가지고 있었습니다. 기구 정찰병들은 자신의 구역에 매우 익숙했고 전장의 작은 변화를 쉽게 알아차리고 유선전화로 지상에 보고할 수 있었습니다.

기술의 발전으로 비약적으로 사거리가 증가한 포병은 이제 목표물을 직접 보지 않고도 사격할 수 있게 되었습니다. 보이지 않는 목표물에 대한

'간접 사격' 시대가 열린 겁니다. 상공에서 전장을 내려다보는 항공기와 정찰기구는 이런 간접 사격의 명중률 향상에 큰 도움을 주었습니다. 포병대는 본격적인 대규모 포격에 앞서 시험 발사를 실시했습니다. 이런 시험 발사는 기구 관측병에 의해 탄착군이 보정되어 대규모 화력을 정확하게 적에게 투사할 수 있게 했습니다.

자연스럽게 적의 정찰기구는 중요한 목표물이 되었습니다. 포병의 사격으로 정찰기구를 노리기도 했는데, 노련한 기구 승무원은 포구 섬광을 관측해 자신을 향해 날아오는 포탄을 구분하고 기구의 고도를 조정해 포탄을 피하기도 했습니다.

기구의 천적은 비행기였습니다. 1915년 10월 독일 조종사가 권총으로 발사한 조명탄 두 발을 맞은 기구가 격추되었습니다. 기구 사냥은 양측에서 치열하게 이루어졌는데, 파일럿들은 날개로 기구를 들이받기도 하며 적극적으로 기구를 공격했습니다. 기구의 손실이 커지자 기구 승무원들도 개인화기로 반격하거나, 폭발물을 잔뜩 탑재한 미끼 기구로 적기를 날려버리기도 했지만, 이는 임시 방편에 불과했습니다.

본질적인 해결책은 비행기로 적의 비행기를 상대하는 것이었습니다.

인트로

포커 아인데커는 1차 대전기 운용된
항공기 중 가장 상징적인 기체 중 하나이며

최초의 기총 동조장치를 장착한 전투기입니다.

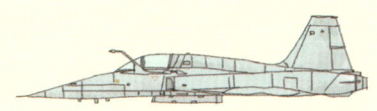

5화
1차 세계대전의 항공전

동조장치는 프로펠러의 회전과 연동되어
프로펠러가 기총의 사선에 있을 때
격발을 막는 것으로

기체의 진행 방향, 파일럿의 시선과
나란히 배치된 포커 아인데커의 기총은

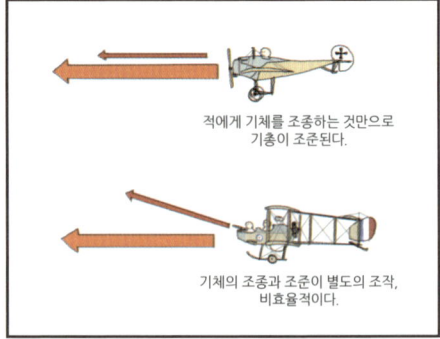

높은 명중률을 보여주며 다른 항공기를 상대로
우위를 점했습니다.

그리고 단엽기인 포커 아인데커는
복엽기 기체에 비해서

투명한 동체를 가진 실험기를 제작하거나

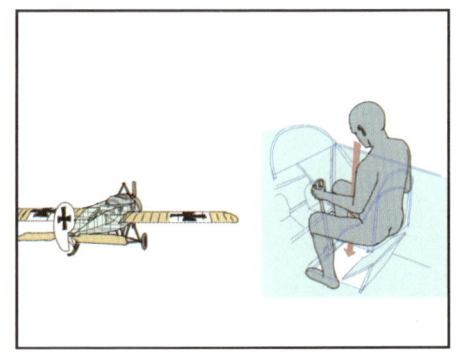

넓은 시야를 가지는 장점 또한 가지고 있었지요.

기체 하부에 해치를 다는 등 파일럿의
시야 확보에 신경을 많이 쓴 기체였습니다.

이러한 강점을 지니고 등장한 포커 아인데커는
1915년 7월부터 1916년 초반까지

엽합군 항공기들을 상대로 우위를 점하며
"포커의 징벌"이라고 불렸습니다.

이에 연합군은 다수의 항공기가 밀집하는
편대 비행으로 대항했고

이후 신형기들이 도입되며 다시 연합군 쪽이
항공 우세를 차지하게 되었습니다.

1차 세계대전은 항공기의 여명기였고
항공기들은 아주 빠르게 발전하고
도태되었습니다.

베르됭 전투에서 연합국이
항공 우세를 점하게 되자

독일군 정찰기들은 점차 연합군 진영으로의
정찰이 힘들어졌고,

관측기구마저도 공대공 로켓으로 무장한
프랑스군 전투기의 공격으로 파괴되자

베르됭 전투에서 독일군의 공세의 실패는
많은 복합적인 요인이 있었지만

독일군 포병은 지도에 의지하게 되어
포격의 효율성이 떨어졌습니다.

연합국의 항공 우세가 어느 정도 작용했다고
할 수 있습니다.

이제는 높으신 분들도 항공기의 중요성을
몸소 이해하게 되면서

1917년 대에는 편대 비행의 교리가
어느 정도 정립되기 시작하였습니다.

항공전은 더욱 더 크고 치명적으로
이루어집니다.

편대장은 편대원들에게 비행기를 천천히 또는 빠르게 흔들거나, "총기를 발사하는 등의 "신호"로 명령을 전달할 수 있었습니다.

편대장은 최고 속도보다 낮은 속도로 비행했기에 무언가를 발견한 편대원들은 편대장기를 따라붙어 "신호"로 보고할 수도 있었지요.

편대는 대부분 직선으로 목표 지점까지 날아가지 않았습니다. 적의 대공포화를 피하기 위해서 주기적으로 방향을 전환하여야 했고

거대한 엔진 카울링과 날개는 편대장의 시야를 가렸습니다.

편대원들의 위치와 항로를 확인하기 위해서 편대의 항로는 지그재그 모양이었습니다.

이러한 편대비행술에도 한 가지
약점이 있었는데

바로 머리 위에서의 공격에
취약했다는 것입니다.

이 때문에 편대의 위로
또 다른 편대를 배치하여 보호하기도
하였습니다.

4000피트의 고도를 두고 4개의 대형이
"적층"될 수 있었지요.

1917년 7월, 이프르 상공에서의 공중전에서는
이러한 "적층" 간의 대규모 공중전이 이루어졌는데

약 100기가량의 전투기들이
상공에서 층마다 대규모 전투를 벌였습니다.

이렇게 편대들이 조우하여 벌이는 공중전은
격렬하게 회전하는 근접전이 되어

당시에는 공중 전투는 고사하고 비행하는 것
자체가 어려웠습니다.

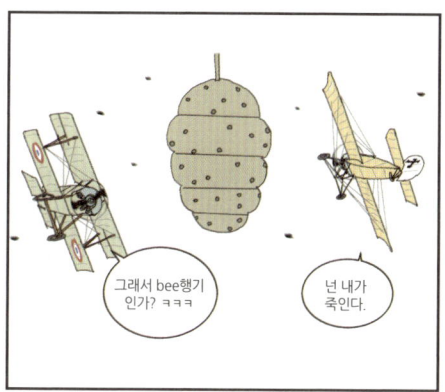

지상에서 본다면 "마치 벌떼가 꿀단지를
빙빙 도는 것처럼" 보일 것입니다.

조종석의 바로 앞에 달린 엔진은 귀를 멍하게
할 정도로 큰 굉음을 내며 미친듯이 진동하고,

불어오는 강풍과 엔진에서 나오는
메캐한 연기는 물론

12000피트 상공에서 추위에 떨면서
당신을 죽이려고 달려드는 상대에게 쫓기며

항공기가 선회할 때마다 얼굴에
피마자유를 뿌려대는 것은 덤입니다.

이러한 경험을 동시에 한다고 상상해보세요.

당시 항공기는 목재와 캔버스,
또는 얇은 강판 따위로 만들어져 있었기 때문에

거기에 대부분의 경우 낙하산은
너무 크고 무거워서 보급되지 않았거나

재수없게 몇 발 맞으면 항공기는 순식간에
추락할 수 있었습니다.

낙하산이 있더라도 그 신뢰성이 부족했지요.

때문에 공중전에서 파일럿은 격추시킨
상대방이

전투가 끝나고 비행장으로 돌아왔을 때

추락하는 비행기에 탄채 충돌을 기다리는 것을
자신의 눈으로 볼 수 있었습니다.

누군가는 다시 돌아오지 못하지만

누군가는 운명의 여신이 그의 편에 서 경험을 쌓으면서 살아남을 수 있었지요.

기량이 늘어난 파일럿 중 소수는 재능을 발현합니다.

점차 두각을 나타내며 적을 격추하기 시작했죠.

이렇게 등장한 뛰어난 파일럿들은 국민적인 전쟁영웅이자 유명인이 되어

상대와 정정당당하게 실력을 겨루는 중세의 기사들과 같은 취급을 받습니다.

정부는 언론을 통해 그들을 선전에 이용해 전쟁으로 지친 대중을 열광시켰고

사람들은 스포츠 경기에서 활약한 선수에게 붙여주던 에이스라는 호칭을 이들에게 붙여주었습니다.

젊은이들은 파일럿이 되기 위해서 몰려들었습니다.

이름없는 병사로서 어딘가의 진창에서 개죽음을 당하는 것보다...

마지막 남은 명예로운 전장인 하늘로 가고 싶었던 것입니다.

그러나 모두가 주인공이 될 수는 없었지요.

전쟁이 가장 격렬했을 때 영국군 신병 파일럿의 기대 수명은 11일이었습니다.

1차 세계대전의 항공전

정찰항공기는 기구와는 달리 전선 너머로 침투해 적의 종심을 정찰할 수 있었습니다. 전장의 안개에 숨어 있던 적은 하늘의 눈 아래서 이제 민낯을 드러냈습니다. 항공 정찰 덕분에 적의 보급품 창고가 증설되었는지, 포병대 화력은 어디로 집중되는지, 하루에 열차가 몇 대나 지나가는지와 같은 정보로 적의 의도를 추측할 수 있게 되었습니다.

1914년, 탄넨베르크 전투에서 독일군은 항공 정찰로 러시아군 위치를 확인하고 과감한 포위섬멸을 시도해 대승을 거두었습니다. 독일군 장군들은 관측기의 후방석에 직접 탑승해 전선을 시찰하기도 했습니다. 힌덴부르크 원수는 "공군 없이는 탄넨베르크도 없다"라는 말을 남겼지요. 그러나 항공 카메라가 장착된 저속의 2인승 관측기들은 전투기의 손쉬운 먹잇감이었지요.

공대공 전투용 전투기의 개발에는 몇 가지 난제가 따랐습니다. 빠른 항공기에 유의미한 명중률을 내려면 기관총으로 탄막을 퍼부어야 했지만, 당시의 보병용 수냉식 기관총은 수냉 시스템의 무게만 20kg에 달했습니다. 또한 수평으로 사격하지 않으면 기능 고장을 일으켰기에 급기동하며 발사할 수도 없었고, 마구잡이로 배출되는 탄피가 프로펠러를 파손시킬 위험도 있었지요. 항공기에 알맞은 기관총이 필요했습니다.

1911년, 베를린 박람회에서 기관총을 장착한 콘셉트 기체가 전시되었습니다. 1912년에는 미국의 공냉식 루이스 기관총이 세계 최초로 공중에서 기관총 사격을 실시했습니다. 1913년에는 프랑스에서 호치키스 항공

기관총이 개발되었고, 유럽의 열강들은 실험적으로 기관총을 장착한 항공기들을 개발했습니다.

 1914년 8월 말, 독일군에 파리가 위협당하던 프랑스는 공대공 무장을 갖춘 항공기가 포함된 8개 편대를 급조해 최초의 정규적인 제공 임무를 수행했으며 이후로도 프랑스군은 전투기 운영에 선진적이었습니다. 1914년 10월, 프랑스 전쟁부는 65개 항공대 중 16개 항공대를 제공 임무 전투기로 편성했습니다.

 반면 개전 이후로도 적절한 항공 기관총이 없던 독일군은 연합군 전투기의 기관총에 리볼버와 소총 같은 소화기로 처절하게 저항해야 했습니다. 그러나 독일군은 이후 설계부터 공대공 전투를 위해 만든 최초의 진정한 전투기라고 불릴 만한 포커 아인데커를 세상에 내놓았지요. 1915년 5월부터 배치된 포커 아인데커의 기총 동조장치는 그야말로 혁명이였습니다. 조준과 조종이 동시에 이루어지는 이 전방 고정 기총의 효율성은 이전의 혼란스러운 공중 왈츠를 인간 사냥으로 바꾸었습니다.

 연합국 또한 아직 기총 동조장치는 없지만 포커 아인데커와 같이 전방으로 기관총을 조준한 채로 비행할 수 있는 뉴포르 11과 브리스톨 스카웃을 투입했습니다. 공중에서의 전쟁은 이제 연합군과 독일군이 서로에게 기관총을 난사하며 죽고 죽이는, 지상에서의 전쟁과 똑같은 풍경을 보이게 되었습니다.

분해하여 운송되는 비행기

 기동전 사상의 영향을 받은 독일군은 항공기의 간편한 운송을 위해서 조립과 분해가 간단한 모듈식 설계를 중시했지요. 당시의 비행기는 짧은 항속 거리로 인해 장거리 이동을 하려면 분해하여 열차와 트럭에 실어 운송해야 했습니다.

 프로펠러와 날개를 분리하고, 엔진을 방수포로 포장해 수송했지요.

 붉은 남작을 위시한 에이스들로 유명한 독일군의 제1전투비행단은 제공권이 위태로운 전선을 종횡무진하며 자주 이동했습니다. 이런 모습이 마치 공연이 끝나면 다음 공연장소로 이동하는 서커스단의 행렬과 닮았다고 해 일명 '비행 서커스단'으로 불리게 되었지요.

> 인트로

1차 세계대전 초기에는 특정 파일럿이 지목되어
전과가 보도되는 일은 적었습니다.

J 상사나 h 소위 같은 식으로 이니셜로
짤막하게 보도되는 정도였지요.

그러나 전쟁이 길어지던 1915년 말

독일군 기관지에 파일럿의 이름이
구체적으로 등장합니다.

6화
에이스의 등장

그 주인공은 뵐케와 막스 임멜만이었습니다.

특히 임멜만은 4대의 적기를 격추했다는 전과와 함께 소개되었지요.

이후로도 4~5기의 적을 격추한 전과를 올린 파일럿들이 소개되기 시작하였고

이후 5번째 격추를 이뤄내면 에이스가 된다는 암묵의 룰이 프랑스 언론과 호사가들 사이에서 완성되며

현재까지 에이스 칭호의 조건으로서 내려오고 있습니다.

유럽으로 원정 온 미군도 여기에 영향을 받아 에이스 시스템을 만들었다고 합니다.

민간에서 개인적으로 활약한 파일럿에게 금전적인 보상을 지급하기도 하였습니다.

1914년 앙드레 미쉐린은 파일럿을 위한 백만 프랑의 기금을 조성하겠다고 발표했고

바다 건너 미국에서도
어느 부호가 1916년 6월부터

적기를 격추시킨 비행사 10명에게 나눠주라며
10000프랑을 전달하기도 하였습니다.

프랑스에서는 귀부인들이 에이스 파일럿에게
모피를 선물하는 유행이 있었고

영국의 한 마을 주민들은
독일의 비행선을 파괴한 파일럿에게 이를
기념하는 은으로 만든 컵을 선물했습니다.

독일에선 국가원수 카이저 자신이 나서서
사인이 담긴 초상화와 편지를

에이스 파일럿들에게 친히 전달하기도
하였습니다.

여러 모로 파일럿들은 같은 전쟁을 치루는
일반 병사와는 다른 대우를 받고 있었습니다.

파일럿들은 전선에서 떨어진 목가적인
비행장에서 생활하며

침대에서 잠을 자고 와인을 곁들인 제대로 된 식사를 할 수 있었습니다.

꽤나 여가 시간을 갖기도 하였지요. 그런 날이면 그들은 동료들과 테니스와 축구를 하거나

그리고 악천후에는 항공 작전이 양측에서 중단되었기 때문에

서로의 무용담을 나누며 시간을 보냈습니다.

프랑스 보병들은 이러한 파일럿들의 생활을 부러워하며 "vie de château"라고 비아냥거렸지요.

그러나 지상의 보병들은 동시에 파일럿들에게 정신적으로 의지하기도 하였습니다.

이름없는 병사들과는 다른 이 에이스들의 활약은 사기에 영향을 미쳤으며

마찬가지로 에이스의 죽음 또한 사기에 부정적인 영향을 미쳤습니다.

반면 독일군은 대부분 수적으로 열세였으므로 이러한 여유는 없었습니다.

연합국 측에서는 종종 에이스 파일럿을 후방으로 배치해 "사고"가 일어나는 것을 피했지만

이로 인해 독일군은 주로 아군의 영공으로 적을 끌어들이는 전술을 즐겼고

대공 포대와 방공 시스템과의 연계를 통해 최대한 유리한 조건으로 싸우고자 했습니다.

이러한 소모전 속에서 상부에서는 에이스들을 최대한 유용하게 사용하고 싶어 했습니다.

반면 연합국 측은 독일군의 항공기가 "그들의 전선 뒤에서 싸우도록" 공세적인 작전을 선호합니다.

그들은 자신이 원하는 특정한 기체를 배정받거나 원하는 대로 도색할 수 있었고,

통상적인 임무가 아닌 소수로 배회하며 적을 사냥해 "스코어"를 올리는

이른바 "고독한 늑대" 임무를 수행하기도 했습니다.

여기 주목할 만한 1차 세계대전의 에이스 파일럿들입니다.

붉은 남작- 만프레드 폰 리히토펜

별명은 물론 이름마저 중2력이 넘치는 유럽의 하늘에서 가장 치명적인 유명인입니다.

귀족의 자제로 태어나 기병 장교로서 군에 입대하였으나

이미 기병대의 시대는 끝나가고 있었고, 회의감을 느껴 이후 항공병과로 보직을 바꾸게 됩니다.

그리고는 몇 번의 비행 후 뉴타입으로 각성,
일명 비행 서커스단으로 불리던
제1전투비행단을 이끌며

르네 퐁크

전쟁 내내 최고의 에이스로서 적과
아군 모두에게 두려움과 존경을 받았습니다.

프랑스 항공대의 에이스로서 총 격추수 75기로
리히토펜의 바로 뒤를 쫓았습니다.

적기의 이동 속도와 방향을 예측하여 사격하는
편향 사격의 대가로서

특기할 만한 사항으로 종전까지
단 한 번의 부상과 격추도 경험하지 않았습니다.

단 5발로 적기를 격추하기도 했습니다.

빌리 비숍

영국 왕립 비행단 소속으로 참전한 캐나다인 파일럿으로 총 72기를 격추하여 3위를 차지합니다.

그는 어린 시절부터 사냥을 즐겨해 사격 실력이 뛰어났으며

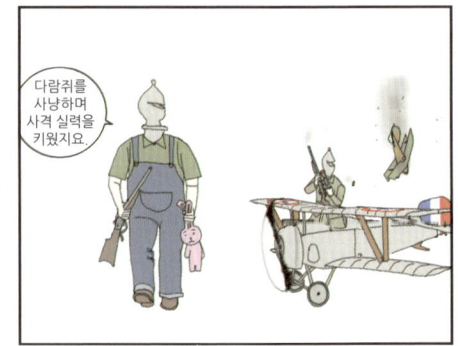

에이스 파일럿이 되고는 단독으로 비행하는 고독한 늑대 임무를 즐겼습니다.

단신으로 독일군의 비행장을 급습하여 4기의 적기를 격추하고

지상에 주기되어 있던 다수의 적기를 파괴한 전공으로 유명합니다.

이외에도 뵐케의 금언이라는 항공전 초기의 원칙을 세운 오스발드 뵐케,

임멜만 턴이라는
전투 기동술을 창안한 막스 임멜만,

이후에는 나치 독일 공군의 원수가 되는
헤르만 괴링

남작의 동생인 로타르 폰 리히토펜 등…

많은 에이스 파일럿들이 전쟁 중 탄생하여
활약했습니다.

각국에서는 이러한 에이스 파일럿들에게
각자의 전공에 따라 훈장을 수여했는데

재미있는 점은 훈장에 필요한 전공에도
전쟁 후반기로 갈수록 인플레이션이
일어났다는 점입니다.

독일 제국에서 군인에게 수여되는
가장 명예로운 훈장이었던 "푸르 르 메리트" 는

전쟁 초기 막스 임멜만과 뵐케에게 수여될 때에는 8기의 적기를 처치한 파일럿에게 수여됐지만

에이스 파일럿들이 모두 전쟁을 스포츠처럼 느끼며 격추 경쟁을 즐기지는 않았지만

점차 12대에서 16대, 전쟁의 막바지에서는 20기 이상의 적기를 격추한 파일럿에게 수여되도록 바뀌었습니다.

확실히 이 스코어 경쟁은 에이스들의 동기부여 중의 하나였습니다

까다롭게 격추 사실을 교차 확인하는 군의 정책이

영국의 왕립 비행단에서는 적기에 대한 전과를 다음과 같이 분류하였는데

파일럿들이 적기가 아군 전선을 넘어오기 전까지 교전을 꺼리게 되자 폐기될 정도였습니다.

이러한 모호한 분류는 많은 불확실한 격추 기록과 그에 대한 진위공방으로 이어졌습니다.

단적으로 연합국이 서류상으로 거둔 공중전 승리를 모두 합하면 11,000기가 넘었으나

서부전선에서 독일군이 잃은 항공기의 숫자는 총 3000여 기로 기록되어 있습니다.

또 다른 흥미로운 통계로는 프랑스 파일럿 중 고작 4%가 에이스 파일럿이었지만

전쟁 중 50%의 전과는 에이스들의 손으로 이루어졌다는 점입니다.

그리고 에이스 파일럿들은 평범한 파일럿들보다 손실율도 더 높았습니다.

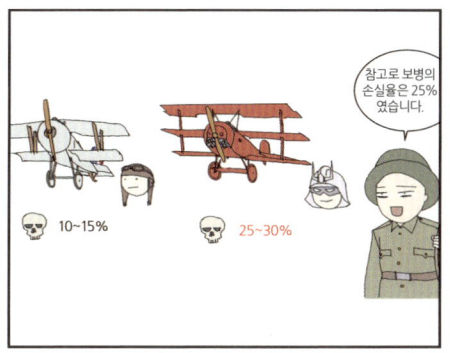

이는 에이스들이 다른 이들보다 더욱 위험을 감수하고 높은 공격성을 보이며 싸웠다는 것을 보여줍니다.

현대에선 냉소적인 시각으로 비춰지는 공중에서의 기사도 또한

자주는 아니지만 분명히 일어나고 있었습니다

전투에서 적을 격추한 후 적의 비행장이나
참호로 위험을 무릅쓰고 날아가

상대방에 대한 상호간의 존중은 에이스
파일럿들 사이에서 흔히 보이는 일이었으며

그가 포로가 되었다 거나 전사했다는 소식을
담은 메모나 조의를 표하는 화환을
떨어뜨리고 오기도 하였고,

붉은 남작 같은 거물들의 전기는 적국인
프랑스와 영국에서 출판되기도 하였습니다.

적의 무기가 고장난 것을 확인한 파일럿이

정말 기사도 문학에서 나올 법한
1대1 결투의 신청도 이루어졌는데

상대방을 자비롭게 되돌려보내는 일도
있었습니다.

다비드라는 한 프랑스인 파일럿은 공중전 중에
기총이 고장나 퇴각하였으나

그는 적들이 자신이 전투가 두려워서
도망친 겁쟁이라고 생각할 것 같다고 생각해

적의 비행장에 "나는 1915년 6월 15일 정오에
Vauquois(지명)에 있을 것"이라는 쪽지를
떨어뜨리고는

실제로 그곳에서 기다렸으나
아무도 오지 않았습니다.

영국 왕립 비행단의 11비행대는
더욱 더 직접적으로

독일군 에이스 막스 임멜만과의
1대1 대결을 신청하기도 하였습니다.

결투장의 전문은 다음과 같습니다.

명예롭다면 명예롭겠지만 한편으론
터무니 없는 이 결투는 이루어지지는 않았습니다.

더욱 우스꽝스러울 정도로 무모하게
기사도적이었던 한 독일군 파일럿은

연료를 채워주고 다시 이륙하여 전투로 돌아갈
5분의 유예시간을 줄 것을 당당하게 요구한 뒤

연료가 떨어진 항공기를 별안간
연합국의 비행장에 착륙시키고는

곧바로 포로가 되었습니다.

파일럿들의 입체적인 면을 드러내는
이야기도 있습니다.

묵묵히 전선으로 향하는 진흙투성이에
잔뜩 지친 보병 연대와 마주쳤습니다.

공동 묘지에서 독일군 파일럿에게 경의를 표하던
프랑스군 파일럿 앙드레 불랑제는

그는 곧 그가 했던 낭만주의적인 행동에
부끄러움을 느꼈고

그것이 너무나 연극적이었다고 느꼈습니다.

그는 자신들이 깨끗한 옷을 입고 지붕 아래서
자기 때문에 이런 "신사적인 전쟁"이
가능했다고 느꼈습니다.

그는 적인 독일 파일럿들의 기사적인 예의에도
역겨움을 느끼기 시작했습니다.

영웅, 챔피언, 에이스... 뭐가 되었건 이런 전쟁
영웅들의 이야기는 언제나 흥미롭지만

많은 역사가들은 여전히 1차 세계대전에서 공군력은 전쟁의 승패에 그다지 영향을 주지 못했다고 평가합니다.

당시의 지휘관들의 생각 또한 비슷하였지만

한편에서는 항공기를 통해서 보다 직접적으로 승리에 기여하고자 하는 노력이 있었습니다...

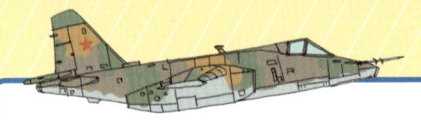

에이스의 등장

"공중 전투는 검투사 이래 가장 위험한 스포츠입니다." 1914년 프랑스 파일럿이 남긴 말입니다. 이 시기 파일럿이 된다는 것은 굉장한 담력을 요구하는 일이었습니다. 1912년, 파리에서 개최된 비행기 경주에서 비행기 한 대가 관중석으로 돌진해 프랑스 전쟁부 장관이 사망하고 총리가 중상을 입었습니다. 독일의 저명한 항공기 설계자 에른스트 하인켈*은 1911년 비행기 추락 사고를 겪은 후 자신이 설계한 비행기에도 탑승을 꺼렸습니다. 라이트 형제 중 동생인 오빌 라이트도 1908년 조종하던 비행기가 추락해 동승했던 토마스 셀프리지 중위가 사망하고 본인은 갈비뼈와 다리가 부러지는 부상을 입었지요.

그러나 용기만으로 누구나 파일럿이 될 수 있는 것은 아니었습니다. 위험성 때문에 1914년 미군의 파일럿 모집 조건에 '독신 남성'이어야 할 것이 포함되었습니다. 또 다른 모집 요건으로는 뛰어난 시력과 좋은 청력, 건강한 심장을 요구했습니다. 의학계에서 높은 고도는 인간의 혈관을 확장시킬 것이라고 믿었기 때문입니다.

프랑스군은 침착한 파일럿을 선발할 목적으로 지금 시각으로 보면 조금 기괴한 테스트를 진행했습니다. 후보생에게 기록 장치를 부착한 후 갑자기 젖은 스펀지로 때리거나 등 뒤에서 권총을 발사했습니다. 한편 영국군은 파일럿의 호전성을 테스트할 목적으로 후보자를 모욕하고 얼마나 빠르게 반응하는지를 측정했습니다.

---

* 1888년 1월 24일 ~ 1958년 1월 30일

일련의 시험에서 합격한 후보생은 비행 훈련을 마친 후 정식 파일럿으로 임명되었지만 1914년에 영국군은 겨우 4~5시간의 비행을 경험한 후보생들을 전선으로 보냈습니다. 전쟁 초반의 이런 속성 교육은 이후 체계화되어 전문 비행교관의 지도하에 50시간가량으로 늘었습니다. 비행 훈련 과정에서 종종 사망자가 발생하기도 했습니다. 프랑스 비행학교는 18,000명 중 300명의 훈련병이 사고로 사망했고 영국군은 790시간의 비행마다 사망자 한 명이 발생했습니다.

파일럿에 지원한 대부분 병사의 가장 큰 동기는 애국심이나 군인이 되고 싶다는 열망보다는 비행을 경험하는 것이었습니다. 이들에게 군대라는 울타리는 오히려 장애물이었습니다. 국가를 넘어 대부분 파일럿은 다른 육군 병사들과는 달리 느슨한 군기를 보였고, 비행에 대한 열정에 비해 삶을 가볍게 여기는 경향이 있었지요. 연합국 파일럿들은 포로로 잡힌 독일군 파일럿들과 대화에서 같은 파일럿으로서의 동질감을 느꼈습니다. 전선에서 이들이 모인 비행중대는 또 하나의 집이었습니다. 전선은 거의 움직이지 않았고, 각 중대들은 자신만의 작은 사회를 이루어 독특한 분위기와 전통을 가지게 되었습니다. 재미있는 점은 이런 경향은 잠수함 승조원 사이에서도 나타났다는 겁니다. 폐쇄적인 사회와 자신이 탑승하고 싸우고, 죽는 기계가 있다는 것은 이들의 공통점이었습니다.

동료의 죽음은 이런 끈끈한 집단에서 큰 충격을 주었습니다. 그들의 동료는 종종 생사를 정확히 알 수조차 없이 그냥 사라지고는 했습니다. 비행기가 돌아오지 않으면 동료들은 돌아오지 않은 비행기가 다른 비행장에 착륙했다는 연락을 기다렸습니다. 그렇게 비워진 관물대는 몇 주가 지나면 보충병의 것이 되었지요. 24시간 동안 '실종'된 후 부대로 돌아온 한 파일럿은 자신의 물건이 전부 동료들에게 나뉘어져 있는 것을 보았습니다. 이탈리아 조종사 사이에서는 "오늘은 너, 내일은 나"라는 격언이 있었습니다. 영국군은 파일럿에게 가장 중요한 소양으로 '상상력 부족'을 꼽았습니다.

각 비행대는 그들만의 독특한 문화와 전통을 가지고 있었습니다. 미국인들로 구성된 95비행대대는 '샴페인 펀드'가 있었지요. 적기를 한 기 격추할 때마다 5병의 술을 '샴페인 펀드'에 적립했습니다. 격추를 당하고 살아남은 경우에는 3병. 착륙에 실패한 경우에는 10병을 사야 했지요, 이렇게 모인 '샴페인 펀드'가 일정 금액에 달하면 파티를 열었습니다.

  느린 속도로 악명이 높았던 파르망 사의 정찰기를 타던 프랑스 파일럿들은 자신들의 비행대의 엠블럼으로 날개 달린 달팽이를 선택했습니다. 야간 비행을 주로 하던 비행대의 엠블럼에는 올빼미가 그려졌습니다. 한 독일 비행대는 취재를 위해 찾아온 미국인 기자에게 부대에서 가장 유명한 파일럿 '이카루스'를 소개했습니다. 통통한 닥스훈트인 '이카루스'는 폭격기에 탑승해 같이 전장으로 나가기도 하며, 상당한 비행 경험을 가지고 있었습니다. 그 외로도 여우, 곰, 염소. 다람쥐. 거위. 사자 등, 다양한 동물들이 비행대의 마스코트로서 파일럿들과 함께 생활했습니다.

> 인트로

신화 속의 제우스의 벼락처럼,
공대지 공격은 오래된 상상이었습니다.

덕분에 항공기의 발명 후 폭탄을 투하하기까지는
그리 오래 걸리지 않았습니다.

7화
하늘에서 죽음이

1908년, 조지 웰스의 소설《공중에서의 전쟁》에서는 독일군 비행선 함대의 폭격이 묘사됐고

미래의 공중 공격이 불러올 파괴에 대해 세간에서도 논쟁이 벌어지고 있었습니다.

1차 세계대전 발발 직후, 아직 비행기는 폭격 임무를 수행할 수 없었습니다.

비행선만이 폭탄을 적재하고 장거리 비행을 할 수 있었지요.

당시 비행선 기술의 선구자였던 체펠린 백작은 비행선 항공사를 운영하고 있었는데

전쟁이 발발하자 그는 곧바로 열렬한 항공폭격의 지지자가 되었습니다.

그러나 곧바로 전쟁에 투입되기에는 인력과 훈련, 기술... 모든 것이 아직 부족했습니다.

Z9의 폭장량은 소형 폭탄 10발이 한계였고

1척의 군용 비행선에는 선장과 장교 3명,
승무원 15명이 필요했습니다.

승무원 양성에는 2년의 시간이 걸리지만,
전시에는 수개월 정도의 간소화된 훈련으로
대체해야 했습니다.

거기에 비행선이 처음 투입된 주간 폭격 작전에서
저고도의 비행선은 큰 손실을 입었습니다.

이후 대부분의 폭격은
야간의 고고도에서 이뤄집니다.

더욱 실망스러운 점은 폭격의 정확도였습니다.

높은 고도에서 투하된 폭탄은 바람의 영향으로
목표를 크게 빗나갔습니다.

결론적으로, 전쟁 전에 설계된 비행선들은
전쟁에 쓰이기에는 부족한 물건이였습니다.

다행인 것은 이제 전시체제 아래에서
무제한적인 지원이 시작되었다는 것입니다.

더 가볍고 더 튼튼한 두랄루민이 등장하여 비행선은 큰 성능 향상을 이뤄냅니다.

이것은 단순히 성능의 증가가 아닌 "전략 폭격"이 가능해졌다는 것을 의미합니다.

더 크고, 더 높이, 더 무거운 폭탄을 더 멀리 날려보낼 수 있게 되었습니다.

'전술 폭격'과 '전략 폭격'의 차이를 프랑스군의 4가지 폭격 임무의 분류로 알아보자면

'통상 폭격' 임무는 전선에서의 적 병력에 대한 직접적인 폭격을 실시합니다.

두 번째는 '원거리 폭격' 임무입니다, 전선으로 향하는 보급품을 목표로 합니다.

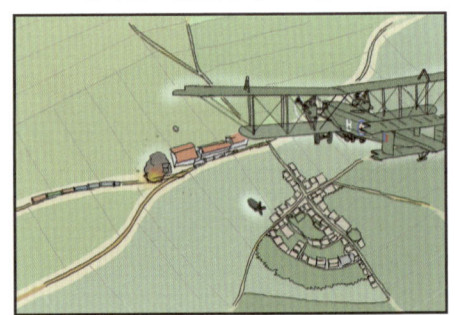

짧은 작전 반경으로 회전율이 높아 하루에도 여러 차례의 작전이 가능했습니다.

군수창고와 탄약고, 열차와 트럭 같은 군수 체계에 대한 공격이 이루어집니다.

세 번째로는 '산업 폭격' 임무가 있었습니다.
적의 무기와 탄약, 연료를 생산하는
산업 시설이 목표입니다.

본격적인 '전략 폭격'의 범주에 들어간다고
할 수 있습니다.

마지막 유형은 '보복 폭격'입니다. 적의 도시와
민간인을 직접 목표로 하는 공격으로

적의 국민의 전쟁 수행 의지를
떨어뜨리는 것이 목표입니다.

이처럼 전술 폭격의 목적이 적의 전투원과
무기에 대한 직접 타격이라면

전략 폭격의 목적은 적국의 유무형의
전쟁 수행 능력에 대한 공격입니다.

산업혁명 이후 고도화된 산업과 경제는
국가의 인구 또한 대량으로 증가시켜

철도를 통해서 끊임없이 병력과 물자를
전선으로 토해낼 수 있게 되었고

더 이상 한 번의 결정적인 승리가 전쟁 자체의
흐름을 바꿀 수 없게 된 것입니다.

전선으로 전달되는 보급품을 제작하는
산업 시설 그 자체를 공격하고

그렇기에 아무리 쓰러뜨려도 다음 날이면
다시 보충되는 적의 병력이 아닌,

전쟁에 대한 국민의 지지와 전쟁 수행 의지를
꺾기 위해서 전략 폭격이 탄생한 것입니다.

전선은 고착화되었고 소모전의 늪에서 독일군
은 비행선을 통한 전략 폭격을 시작하게 됩니다.

낮은 정확도로 인해서 대부분의 폭탄은
목표물이 아닌 민가나 상업 시설에 떨어졌기에

임무 자체는 산업 시설과 군사기지에 대한
폭격이었지만

민간인의 피해가 발생할 수밖에 없었습니다.

1915년, 런던시에는 대구경 대공포가 고작 12문뿐이었습니다.

섬나라라는 천혜의 요새인 영국의 도시들은 사실상 폭격에 무방비 상태였던 것입니다.

피해는 크지 않았지만 공습은 영국인들에게 심리적으로 큰 충격을 주었습니다.

곧이어 영국 전역에 대공 기지가 세워지고 도시는 서치라이트와 대공포로 중무장됐습니다.

비행선들은 독일 서북부 지역이나 점령된 벨기에 지역의 비행장에서 출발했습니다.

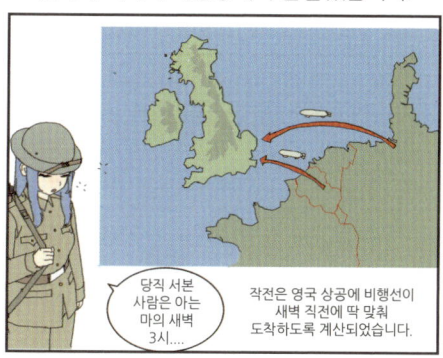

비행 중에는 추위에 떨며 바닷바람에 흔들리는 기내에서 멀미를 참아야 했습니다.

마이바흐 엔진의 굉음과 배기가스는 덤이었습니다.

기내에는 승무원을 위한 선실도 존재했습니다.

폭탄창의 옆에는 해먹을 걸어놓아 잠시 눈을
붙일 수 있었습니다.

간단한 식사를 할 수 있는 공간도 있었으나,
작전 시간이 짧기에 식사를 하는 경우는
적었습니다.

승무원들은 모피 안감의 외투와 고무 밑창이
달린 장화를 착용했습니다.

일반적인 군화는 정전기의 위험으로
쓰이지 않았습니다.

겨울이 되면 온도는 더욱 내려갔고, 전쟁
후반기가 될수록 연합국 전투기의 성능이 높아져

비행선은 고도를 더 높여야 했고
영하 45도의 온도에서 비행해야 했습니다.

비행선 상부 갑판에서 견시 임무를 맡는 건 더욱 재수 없는 일이었습니다.

어둠 속으로 폭탄을 쏟아붓고 나면 마치 모스 부호처럼 불빛이 반짝였습니다.

수소가스가 배출될 때엔 영하 45도의 공기가 오히려 따뜻하게 느껴질 정도였습니다.

거리에선 공포에 질린 런던 시민들이 뛰쳐나와 소요가 일어나곤 했습니다.

그러나 비행선 함대의 폭격은 나날이 어려워졌습니다.

효과적으로 비행선의 공격을 격퇴했고, 비행선은 더욱 더 높은 고도로 쫓기듯 올라가야 했습니다.

전신으로 긴밀히 연결된 방공 진지 간의 연계와 소이탄을 장착한 전투기는

후기의 비행선은 승조원의 공간을 희생하고 방어기총을 제거하여

20,000피트 고도까지 비행할 수 있게 되었지만, 고고도에서 승무원들은 저산소증과 싸워야 했지요.

또한 비행선은 비행기에 비해 악천후에도 취약해서 높은 비전투 손실을 겪었습니다.

영국까지의 항로에서 변덕스러운 북해의 날씨는 승무원들에게 악몽이었습니다.

결국 전쟁 중에 91척의 비행선이 건조되었지만 전쟁이 끝났을 때는 16척만이 남아 있었습니다.

결정적으로 독일군 사령부의 기대보다 비행선의 성과는 훨씬 미미했습니다.

전쟁 중 51회의 공습이 진행되는 동안 557명이 사망하고 1358명이 부상을 입었습니다.

런던 공습의 의의는 영국이
방공망을 유지하기 위해서

본토에 병력을 붙잡아두는 역할을 한 것으로도
충분하다는 의견도 있지만

전쟁 후반기가 될수록
영국의 본토 방공 작전은 효율적으로 변하여

1918년에는 본토 방공에 투입된 병력은 고작
6000여 명뿐이었습니다.

거기에 영국이 공습으로 입은 재산 피해는
150만 파운드로 추정되는 반면에

독일이 비행선 함대에 쏟아부은 돈은
1,325만 파운드에 달해 수치상으로도
남는 것이 없었습니다.

오히려 독일의 국내 정치적인 단결에서
유의미한 성과를 찾을 수 있을 것입니다.

어두운 밤에 고고도에서 실시된 폭격의 성과는
종종 몇 배는 부풀려져 보고되었고

1916년 8월에는 공습 두 번만으로
2만 1000여 명의 사상자를 냈다고 보고하는 등

독일군은 반신반의 하면서도 비행선은 영국에
대해서 전과를 내고 있다고 믿었습니다.

결국 막대한 피해를 감당하지 못해
비행선을 통한 폭격 작전은 중지되었지만,

이후에는 고타 폭격기와 같은 대형 폭격기들이
영국 공습의 임무를 이어갔습니다.

바다에서는 유보트가 상선을 격침시키고 공중에서는
비행선의 폭격으로 공장을 파괴하여

영국이 전쟁에서 물러서게 한다는 것은 독일이
취할 수 있는 최선의 전략이였지만

방향성은 옳았을지 몰라도 구현된 기술의
완성도가 아직 부족했던 것입니다.

비행선과 폭격기보다 훨씬 완성된 병기인 유보트는
바다에서 그 역할을 훌륭히 해냈습니다.

그러나 항공기의 잠재력 만큼은 확실히
전 세계에 알려졌습니다.

항공기는 포병대의 가장 큰 대포마저 닿지 않는
깊숙한 곳까지 폭탄을 날려보냈고

항공 폭탄은 손으로 던지는 작은 것부터

전쟁 말기에는 건물을 통째로 박살내는
1톤짜리까지 등장합니다.

아직 기술이 성숙하지 않았을 뿐,
항공기는 분명 전쟁의 주인공이 될 것입니다.

그 예상은 맞았습니다.
다만 이번 전쟁이 아니었을 뿐이지요.

하늘에서 죽음이

1908년부터 영국과 프랑스에서는 '제플린 공황'이라는 현상이 일어났습니다. 독일의 비행선들이 런던과 파리를 잿더미로 만들 것이라는 두려움이었습니다. 비행선의 폭격으로 인한 혼란과 파괴에 대한 종말론적인 소설과 기사는 호사가들 사이에서 큰 이슈였지요. 영국에서는 버킹엄 궁전 인근에 이미 5만 정의 마우저 소총과 700만 발의 탄약이 은닉되어 있고, 비행선으로 수송된 독일군이 런던을 초토화할 것이라는 소문이 돌았습니다.

이런 '제플린 공황'은 독일에서도 소개되었고, 각종 소설과 언론에서 확대 재생산되며 항공 폭격에 대한 기대와 공포는 점차 커졌습니다. 많은 사람이 독일 에센의 크루프 공장과 울리치의 영국군 무기고와 같은 유명한 군사 시설부터 항구와 국회, 기차역과 정부 청사, 전화국과 증권 거래소에 대한 폭격이 가져올 막대한 타격을 상상했습니다.

소문에 비해 비행선 함대의 전력은 빈약한 것이었습니다. 독일군은 민간용에서 징발한 3척을 포함해야 고작 9척의 비행선을 보유하고 있었으며 폭격은 어떠한 조준 장비도 없이 폭탄을 손으로 곤돌라 밖으로 던져대는 것이었습니다. 독일군조차 자신들의 전력을 과대평가하고 있었습니다. 사령부는 엔트워프와 지브뤼헤, 덩케르크, 칼레에 폭격을 가하라는 야심찬 명령을 내렸습니다. 그러나 비행선 Z-9의 폭장량은 겨우 소형 폭탄 10발뿐이었습니다.

이처럼 전쟁 초기에 사용되었던 비행선은 병기라기보다 폭탄을 실은 이동 수단에 가까웠지만 1914년 말 개발된 가볍고 강력한 두랄루민*으로 제작된 신형 비행선 Z-12는 기존 비행선 크기의 두 배에 달하고 적재량은 10배 가까이 늘어났습니다. 가장 중요한 것은 이제 영국까지 도달할 수 있었다는 점입니다.

영국 본토 공습은 초기에는 무방비 상태였던 영국 도시에 심리적인 충격을 가했습니다. 하지만 점점 강화되어가는 방공망과 소이탄을 장비한 전투기들의 요격으로 비행선은 점점 고고도로 상승해야 했고 폭탄의 명중률은 점점 더 낮아졌습니다.

전쟁 기간 동안 독일 비행선은 91기 중 16기만 남았습니다. 한 번 불이 붙거나 추락하기 시작하면 비행선 승무원은 그대로 끝장이었습니다. 폭장량을 늘리기 위해 낙하산조차 장비하지 않았기 때문입니다. 그럼에도 독일군은 비행선을 이용한 공격을 멈추지 않았습니다. 이는 비행선 폭격이 영국군 100만 명을 영국 본토에 붙잡아두는 전략적인 효과가 있다고 믿었기 때문이지만, 오히려 전략적인 면에서 독일은 공격을 지속할수록 손해를 보고 있었습니다. 1918년 중순에는 고작 6,136명의 영국군이 본토에서 방공 임무를 맡았습니다.

반면 독일의 비행선 함대는 1만 명이 넘는 인원이 투입되었습니다. 영국인들의 재산 피해는 150만 파운드 정도였습니다. 반면 독일인들은 폭격

---

* 구리 4%, 마그네슘 0.5% 외 원소 1~2종을 알루미늄에 첨가한 합금

을 위해 1,325만 파운드를 소모했습니다. 독일군도 이 같은 정보를 수집해 알고 있었으나 영국인들의 기만술로 취급했습니다. 이미 수단이 목적을 정당화하는 상황이었던 독일의 비행선 폭격은 군사 교리라기보다는 믿음에 가까웠고, 전술과 전략보다는 오히려 독일 국내의 정치적인 요인이 폭격을 지속하는 데 크게 작용했습니다. 결국 독일군은 늘어나는 손실을 견디지 못해 영국 폭격에 비행선을 대신해 고타 폭격기와 같은 폭격기를 사용하게 되었습니다.

스파이 곤돌라

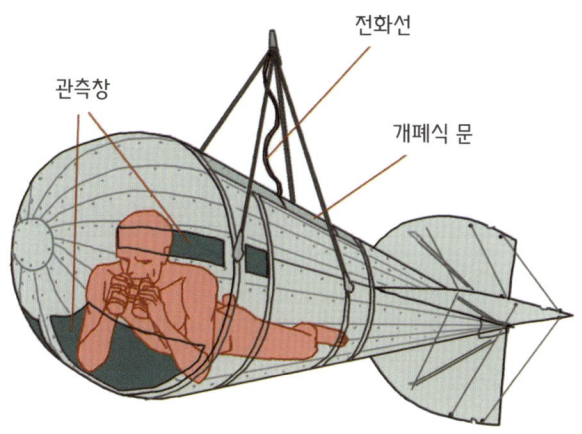

영국군의 방공망을 피해 구름 위로 엄폐한 비행선이 지상을 관측할 수 있도록 개발된 '스파이 곤돌라'

인트로

해군은 지난 100년간 이미 큰 진보를 이루었고

항공기 또한 해군의 장바구니에 빠르게 담겼습니다.

지구는 둥글기 때문에 수평선 너머의 물체는 가려지게 됩니다.

그래서 높은 곳에서 내려다볼수록 수평선의 너머를 볼 수 있지요

그래서 높은 곳에서 내려다 볼수록

약 20km까지가 함선의 시야의 한계였습니다.

반면에 항공기는 고도에 따라서 훨씬 넓은 범위를 관측할 수 있었지요

때문에 비행기는 바다에서 정찰병으로서 큰 이점을 가지고 있었던 것입니다.

당시 영국이 1906년 건조한 드레드노트급 전함은 그 이전의 군함들을 전부 구식으로 만들었고

이를 시작으로 강대국들의 건함 경쟁이 시작됩니다.

1차 세계대전기에는 이미 사거리 22km의 15인치 함포를 장착한 전함들이 등장했습니다.

이론적으로 수평선 너머의 적을 공격할 수 있지만 장님인 상태였던 것입니다.

그렇기에 정찰 항공기를 통해서 수평선 너머의 적함을 발견하고

최대 사거리에서 일방적인 공격을 가한다는 것은 매력적인 상상이었습니다.

그러나 무선통신 기술의 한계와 전함 간의 전투가 자주 일어나지 않았기에

실제로 이러한 전술이 쓰이는 것은 2차 세계대전부터였습니다.

또 다른 문제는 수상기가 날씨에 너무 민감하다는 것이었습니다.

파도가 높으면 이륙 자체가 불가능해졌고

프로펠러는 파도에 닿으면 고장나기 일쑤입니다.

본격적인 항공모함이 탄생하기 전까지는 어쩔 수 없는 문제였지요.

이는 수상기가 군함에서 크레인으로 해상에 옮겨진 후 해수면에서 이륙했기에

수상기는 크게 두 가지 유형으로 나뉘는데, 랜딩 기어 대신 부력을 제공하는 플로트를 장착한 타입과

플로트 타입은 간단하게 육상형 항공기를 개조하여 제작할 수 있다는 것이 큰 장점이었습니다.

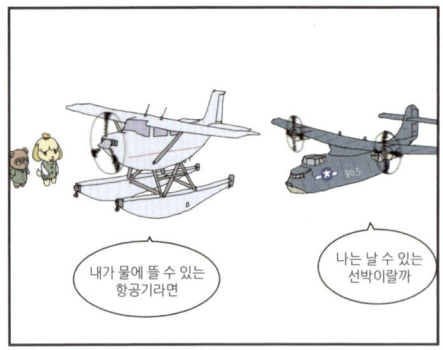

동체가 선박처럼 제작된 비행정으로 나뉘었습니다.

전시 육군과 해군의 예산 싸움에서 주로 육군이 승리하는 경우가 많았기에 중요한 점입니다.

단점으로는 비행정보다
수상에서의 안정성이 떨어지며

수상정의 경우에는 해군이
자체 개발하는 것인 만큼

설계상에 없던 플로트가 추가되는 만큼 운동
능력과 공기 저항에 영향을 준다는 점입니다.

해상에서의 장거리 작전을 위하여
대형의 다중 엔진을 갖춘 기체로 만들어지는
경우가 많았습니다.

비행정 타입의 단점은 앞서 언급한 대로

육상에는 전혀 착륙을 할 수 없다는 점과

보급의 이원화 문제와 예산 문제가 있었고

항상 떠있는 만큼 부식에
더 취약하다는 점이 있습니다.

국가별로 사정에 따라 두 가지 타입 중 한 가지를 선호하는 경향이 있었습니다.

또 다른 유형으로는 육상기를 그대로 가져와 사용하기도 하였습니다.

이 방식은 비용뿐만 아니라 성능면에서도 수상기보다 더욱 우월하다는 장점이 있었지만

한 번 이륙한 기체는 회수하지 못하기에 모함 근처에서 착수하여 가라앉고

파일럿만이 복귀하는 위험한 시스템이었지요.

결과적으로는 영국과 독일 해군의 싸움에서 비행기는 예상처럼 활약하진 못했습니다.

1차 세계대전 최대의 해전이었던 유틀란트 해전에선 기상 악화로 항공 작전이 불가능했고

그 후로는 양군의 주력함대가 서로 맞붙는 전투가 일어나지 않았지요.

그러나 폭이 좁은 아드리아 해에서는 정찰 수상기들이 큰 활약을 보였는데

이탈리아 항구를 감시하던 오스트리아 수상기가 3척의 순양함이 출항하는 것을 보고했고

이후 매복하던 유보트 U-4의 공격으로 순양함 '가리발디'가 격침됩니다.

사실 항공기가 해상에서 가장 활약한 곳은 수상함 간의 전투가 아닌 대잠 작전이었습니다.

독일은 1917년부터 영국으로 향하는 모든 선박을 격침시킨다는 무제한 잠수함 작전을 개시했고

영국으로 향하는 군수물자를 틀어쥔 유보트는 전쟁 수행에 큰 부담이었기에

연합국은 수송선단과 대잠 항공 작전으로 유보트에 대항하였습니다.

당시 유보트는 잠항 시에는 수면에 있을 때보다
약한 출력의 전기 모터로 움직여야 했고

그마저도 120km 정도를 항해한 후에는
배터리의 충전을 위해서 부상해야 했습니다.

거기에 완전히 잠수한 유보트는
외부를 관측할 수단이 없어서

모든 공격 능력을 상실하기에 정찰기들이
순찰 비행을 하는 것만으로 큰 역할을 했습니다.

그러나 일단 잠항하는 유보트를 찾아내는 것은
작전 해역에 따라서 어려움이 따랐습니다.

북해와 대서양에서의 유보트는 잠항하면
항공기에서 관측이 불가능한 수준이었지만

반면 지중해에서는 대기 상태에 따라서
깊은 수심의 유보트도 관측할 수 있었습니다.

수면 아래 25m의 잠수함을
발견한 사례도 있었지요.

비행선 또한 대잠 작전에서 활약하였습니다.
오랜 시간 비행할 수 있는 능력이 큰 장점이었지요.

넉넉한 적재량 덕분에 비행선에는
무선 전신 장비 또한 탑재하기도 하였습니다.

특이한 사례로는 독일 해군의 보조 순양함
울프의 함재기 '새끼 늑대'가 있습니다.

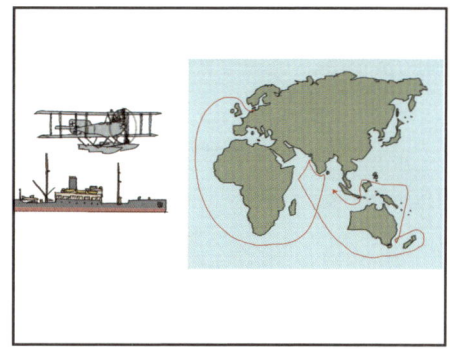

이들은 대서양을 넘고 희망봉을 지나
남아시아 해역에서 연합국 상선에 대한
통상 파괴를 수행했는데

이륙한 '새끼 늑대'는 주변을 배회하며
수평선 너머의 상선을 찾아다녔습니다.

연합국의 상선을 발견하면 위협 사격을 가하고
정선 명령을 내렸습니다.

그럼에도 배가 정지하지 않으면
직접 공격을 가했지요.

신호를 받은 어미 늑대는 곧바로 달려와
상선을 나포했습니다.

보조 순양함 울프는 나포한 상선에서
물자를 재보급하며 종전까지 임무를 계속했고

한편 항공기를 이용한 함선에 대한 직접 공격은
연구가 한창이었습니다.

총 27척의 상선을 격침하는 전과를 올렸습니다.

당시 가장 유망한 무기는 어뢰였지요.

1915년 8월 12일 영국군의 쇼트 타입 184가 투하한
어뢰가 튀르키에 수송선을 격침하여

항공기를 통한 수상함 공격에 큰 가능성을 보여주었습니다.

영국군은 이후 개량형인
솝위드 Cuckoo를 주문하였고

이 항공 어뢰 공격은 아직 기술적인 문제로
전쟁 중 제한적으로만 이루어졌습니다.

다른 국가에서도 어뢰를 탑재할 항공기들을
개발하고 운용하였지만

때문에 전후 각국의 해군 내에서는
항공기가 과연 전함을 격침시킬 수 있는지에
대한 논쟁이 있었지요.

해군의 항공기 운용 경험이 늘어갈수록
항공모함의 필요성은 늘어갑니다.

이러한 평평한 갑판을 가진
함선의 아이디어는 이미 1890년대
클레망 아데르의 책에서 등장했습니다.

거추장스럽고 느린 수상기만으로는
본격적인 항공 작전은 할 수 없었지요.

그는 비행 갑판 아래에 배치하는 격납고와
엘리베이터 등 항공모함의
기본적인 모습을 구상하였습니다.

항공모함에 대한 구상으로
함재기의 착륙 시 감속을 위한 경사로나

여러 시행착오가 있었지만
결국은 평갑판을 가진 우리가 아는 항공모함의
모습으로 제작됩니다.

줄에 매인 항공기가 돛대를 따라
빙빙 돌며 가속해 이륙한다는
다소 황당한 아이디어도 등장했습니다.

...만 과도기적인 설계의
HMS 퓨리어스는 선수에 비행갑판이 있고

선미는 순양함의 모습인 반쪽짜리
항공모함으로서,

착함 중 파일럿이 사망하는
불의의 사고가 발생하고

선미까지 비행갑판으로 완전히 개장되었습니다.

이후 퓨리어스는 1918년 7기의 함재기로
엘베 강의 독일군 비행선 창고를 폭격하며

항공모함의 전술적인 잠재력을 증명해냈습니다.

1차 세계대전은 항공모함의 본격적인 활약이
시작되기 전에 끝났지만

전후 해군 강국들이
항공모함의 건조를 시작한 것으로 해상에서의
항공기의 중요성을 알 수 있지요.

바닷바람

    독일 해군은 전통의 해상 강국인 영국 해군에 비해서 항상 열세에 처해 있었습니다. 이런 전황을 타개하고자 적극적으로 신병기인 잠수함에 흥미를 보였습니다. 1차 세계대전이 시작되고 영국 대함대는 독일에 해상봉쇄 조치를 취했습니다. 무역이 차단된 독일은 감자조차 부족해져 순무만으로 연명해야 했습니다. 독일은 이에 맞서 수상 함대 대신 유보트 수백 척으로 영국으로 가는 수송선을 국적에 상관없이 전부 격침시키는 무제한 잠수함 작전을 진행했습니다. 이는 독일과 마찬가지로 해상으로 많은 자원을 수입하던 영국에 큰 위협이었지요.

    당시 잠수함은 수상에서는 디젤 엔진으로 14노트가량으로, 잠수한 상태에서는 전기 엔진으로 8노트가량으로 추진했습니다. 잠항 시에는 항속 거리도 짧으며 속도도 느린 전기 모터를 사용하는 이유는 디젤엔진이 작동하려면 산소가 필요하며 배기 가스를 방출할 필요도 있기 때문입니다.

    잠항하는 유보트는 배터리가 방전될 때까지 약 100km가량을 이동할 수 있었고, 이렇게 배터리가 방전된 후에는 수면으로 부상해 디젤 엔진을 작동해야 다시 배터리를 충전할 수 있었습니다. 그렇기 때문에 유보트는 항상 잠항하는 것이 아니라 평상시에는 수상 항해를 지속하다 목표물을 공격하거나 도망칠 때만 잠항을 했습니다. 다른 수상함에 비하면 유보트는 매우 작았습니다. 그래서 먼저 연합국 군함을 발견하고 잠항해 도망칠 수 있었지요.

순양함의 선원은 배의 가장 높은 곳에서 최대한 멀리 보아야 16km 떨어진 적의 함선을 발견할 수 있지만, 항공기는 3000피트 상공에서 100km 떨어진 함선도 발견할 수 있었습니다. 영국군은 1917년부터 1918년 10월까지 지구를 6바퀴 도는 거리를 비행하고 49대의 유보트를 발견할 수 있었습니다. 하늘을 배경으로 떠 있는 정찰기는 찾기 쉬웠고, 보통 유보트 측이 먼저 정찰기를 발견하고 빠르게 잠항해 도망칠 수 있었지요.

일단 잠항한 유보트는 깊은 대양이라면 항공기에서도 전혀 보이지 않았지만, 잠망경을 내놓을 수 있는 잠망경 심도 아래로 잠수하면 더는 목표물을 확인할 수 없었습니다. 사실상 무력화된 상태와 다름 없었죠. 설사 정찰기가 유보트를 발견하지 못했다고 하더라도 유보트 측에서는 이를 확인할 방법이 없었으므로 항공 정찰이 실시되는 지역에서 유보트들은 끊임없이 잠수를 반복하며 도망쳐야 했습니다. 영국군은 팔각형으로 해상을 정찰하는 이른바 '거미줄 수색 패턴'으로 20분마다 한 공역을 집중적인 정찰했습니다. 덕분에 낮 동안 유보트의 작전을 크게 방해할 수 있었지요.

U-31형 유보트 U-35

U-35는 1차 세계대전에서 가장 크게 활약한 유보트였습니다. 종전까지 총 50만 톤에 달하는 220척의 상선을 격침했습니다.

1차 세계대전기의 유보트는 탑재한 어뢰가 적었습니다. 그래서 어뢰는 주로 적 군함에 사용했고, 연합국 상선을 격침할 때에는 갑판포를 사용했지요. 그렇지 않아도 함의 특성상 작은 크기에 디젤 엔진과 전기 모터, 연료와 밸러스트 탱크, 배터리, 어뢰 등이 빼곡하게 들어차다 보니 유보트의 거주성은 매우 열악했습니다. 장기간의 작전에 필요한 식재료를 보관할 장소가 마땅치 않다 보니, 막 출항하는 유보트는 승무원 거주구역부터 어뢰를 발사하는 무장실까지 식료품과 통조림들로 가득 찼습니다.

유보트 단면

인트로

항공 산업을 세계적으로 부흥시킨 1차 세계대전은 이제 끝났습니다.

평화는 좋지만 이제 항공 산업에 군대라는 가장 거대한 고객이 지갑을 닫는다는 것을 의미하기도 했지요.

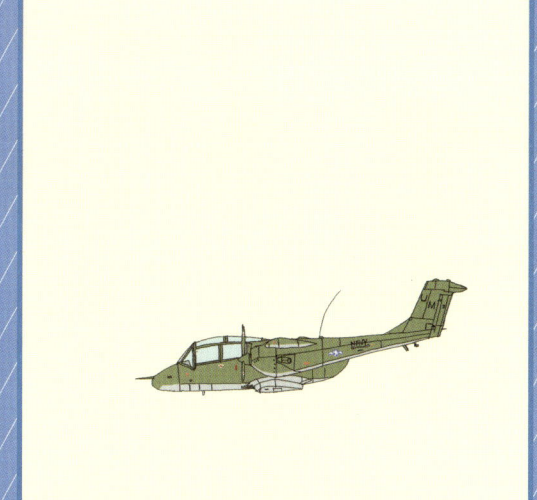

9화
민간 항공 산업

지속적으로 항공 산업이 유지되기 위해서는 항공기를 이용한 수익성 있는 민간 사업이 필요했습니다.

최초의 상업 민간 항공 기업은 세인트 피터즈버그-탬파 비행정 항공이었습니다.

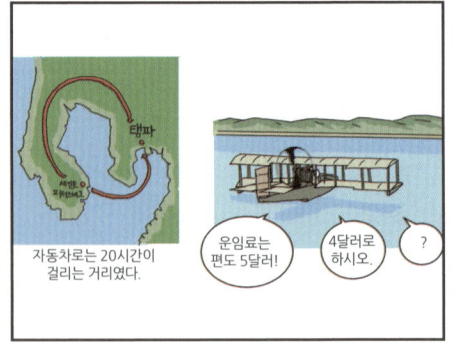

세인트 피터즈버그 시장을 태운 23분의 비행이 세계 최초의 고정익 정기 항공편이었지요.

이후 2인승의 비행정을 구매하고 사업을 운영했지만 3개월을 버티지 못하고 파산하고 말았습니다.

항공기를 대형화하여 다수의 승객을 동시에 수송하면 높은 단가를 합리적인 수준으로 낮출 수 있겠지만

당시의 항공기는 여객 운송으로는 철도와 선박과 경쟁할 수 있는 비용으로 서비스를 제공할 수 없었습니다.

항공기의 대형화는 비용과 신뢰성의 문제로 섣불리 시도하기 어려웠습니다.

때문에 가장 유망한 사업은 항공우편 사업이었습니다. 가벼우면서 부가가치가 높은 우편배송은 수익성이 있었지요.

우드로 윌슨 대통령이 뉴욕 우체국장에게 보내는 친서를 직접 부쳤고

1918년 5월 15일, 미 항공우편국의 역사적인 첫 비행이 있었습니다.

우편을 실은 커티스 JN-4는 중간 기착지인 필라델피아에서 다음 항공기로 우편을 전달하였고,

당시의 우체국은 지금의 인식과는 달리 상당히 강한 힘을 가진 부서였습니다.

11시 46분에 워싱턴을 떠난 항공우편은 오후 2시 50분에 뉴욕에 도착하였습니다.

우편은 거의 유일한 통신 시스템으로서 국가를 통합하는 막중한 임무를 지니고 있었고

특히 광활한 북미 대륙에서 통신은
더욱 중요한 문제였기 때문에

거기에 정치적으로도 건국 초기의 미국에서는
거의 유일한 전국에 잘 조직화된 정부조직으로서

서부개척시대부터 우체국은
교통 시스템의 기반을 닦는 일을 도왔습니다.

선거운동에 영향을 끼치는 정치적인 힘까지
가졌었지요.

민간 항공 산업은 미국 정부와 우체국의
교통 기반시설로써의 지원 아래서
성장할 수 있었습니다.

1920년 9월 8일 15개의 기착지를 지나 마침내
샌프란시스코에서도 항공우편 서비스가 시작되며

1919년에는 폭격기 DH.4 기반의 정기적인
뉴욕-시카고 항공우편이 개시되었고

미국 대륙을 횡단하는 항공우편
시스템의 개척에 성공했습니다.

초기에는 주간에만 비행으로, 야간에는 철도로
다음 기착지까지 우편을 운송하였으나,

야간에 길을 안내하는 항공로 신호기의 설치
이후로는 24시간 항공 서비스를 실시했습니다.

주야간 항공 서비스는 대륙횡단 배송을
29시간으로 획기적으로 단축하였습니다.

이는 급행 열차보다 72시간이나
빠른 것이었습니다.

정부의 투자로 인프라 구축이 완성되자 이제
민간 항공기업들이 생겨나기 시작했습니다.

전까지는 무모한 스포츠나 무기라는
인식이었던 항공기는 항공법이 생기고 법에
통제되며 신뢰를 얻었습니다.

1925년, 민간기업에 항공우편 배송을 계약하여
민간 항공 산업을 촉진하는 법안이 통과되며

8개 노선에 대한 공개 입찰을 개시하였습니다.

초기에는 작은 항공사들이 각자의 노선에서 쪼개져서 운영됐지만

항공우편의 수요만으로는 운행수익이 줄어들게 되었고 항공사들은 적극적으로 승객을 실어나르기 시작했습니다.

정부는 1930년, 항공기의 적재량에 대비하여 대금을 지불하도록 법을 개정하여 대형 항공기를 우대하였습니다.

경쟁에서 살아남은 대형 항공사들은 현대까지 그 명맥을 잇습니다.

이제 또 다른 문제는 국제 항공이었습니다.

순전한 기술적인 의미의 대서양 횡단은 이미 1919년부터 성공한 사례가 있었지만

당시 항공계의 만년떡밥은 가장 큰 시장인 북미와 유럽을 잇는 대서양 횡단 항공편이었지요 .

상업적으로 운영하는 것은 전혀 다른 일이었습니다.

많은 비행사들이 대서양 횡단에 실패하고 도중에 포기하거나 심지어는 실종 되기도 했습니다.

언제 도착할지 아무도 장담할 수 없는 티켓을 사줄 고객과 투자자는 없었습니다.

1940년 대에야 고정익 항공기를 이용한 대서양 횡단 정기 항공편이 활성화되었습니다만

재미있는 점은 과도기적인 시기에 비행선과 비행기가 장거리 항공편을 두고 경쟁했다는 것입니다.

체펠린의 사후 회사를 이끌게 된 에케너의 가장 큰 꿈은 비행선으로 유럽과 북미를 잇는 것이었습니다.

패전 이후 베르사유 조약은 독일이 대형 비행선을 건조하는 것을 금지했지만

미 해군과 비행선 ZR-3 건조 계약을 맺으며 회사를 유지할 수 있었습니다.

ZR-3는 81시간 만에 독일에서 뉴욕에 도착하여 미 해군에 성공적으로 전달되었습니다.

에케너는 ZR-3를 통해 비행선의 인식이 전쟁 병기에서 교통수단으로 바뀌기를 바랐습니다.

심지어는 배기관의 폐열을 통해서 따뜻한 음식을 공중에서 조리할 수도 있었지요.

비행선에는 벨벳 소파 10개와 접이식 침대 10개가 딸린 휴게실이 있었고

비행선은 미국인들에게 교통수단으로서의 이미지를 심어주는 것에 성공했습니다.

반면 비행기는 세계일주 시도에서 44,000km를 비행하는 데 175일이 소요되었으며

그에 반해 에케너의 81시간 논스톱 항해는 비교할 수 없게 여유로운 것이었습니다.

미해군이 연료와 부품을 수송하여 편대를 따라다녀야 했고 4대중 1대의 비행기가 도중 추락하고, 69번을 멈춰섰습니다.

장거리 운송과 대서양 횡단이 비행선에게 달려 있다는 것은 자명한 사실로 보였습니다.

그리고 도스 플랜으로 독일의 전쟁 배상금이 조정되고 외국의 차관이 독일로 들어오면서

독일 경제는 다시 살아나기 시작했고 마침내 에케너에게 꿈의 대서양 횡단 비행선을 건조할 자본이 모였습니다.

1차 세계대전 후 새롭게 건조된 비행선 그라프 체펠린은 곧바로 대서양을 건넜습니다.

승객과 화물을 태운 채로 미국과 독일을 성공적으로 왕복하여 18만 달러의 수익을 냈습니다.

그러나 비관적인 점은 이 왕복 비행에 총 108,000달러가 지출되었고

도중에 악천후로 있었던 사고로 승객들로부터 나쁜 평가가 나왔다는 점일 것입니다.

결국 미국의 투자자들은 확신을 얻지 못해 비행선 계획에 투자를 유치하지는 못했습니다.

그러나 에케너는 절치부심하여 이번에는 세계일주에 도전하였습니다.

일본에 대량의 수소가스를 운송하는 등으로 세계일주의 경비는 25만 달러에 달했지만

이 비행은 에케너의 목표 시장인 독일을 위시로 한 유럽과 미국 시장에 대한 홍보였기에

신문사에게 판권과 보도 권리를 판매하는 등으로 최종적으로 총 4만달러의 이익을 냈습니다.

프리드히스펜과 뉴욕을 방문한 뒤 출발하는 다소 기묘한 경로로 비행하게 된 것입니다.

세계일주는 엄청난 성공이었지요. 독일에서 일본까지 무착륙 비행은 새로운 신기록이었습니다.

총 4기의 초대형 비행선을 건조할 계획이었지요.

투자자들은 지갑을 열었습니다. LA와 호놀룰루를 잇는 비행선 항공편이 계획되었고

거기에 유나이티드 항공을 포함한 16개 대기업이 투자를 단행하여 합작회사 PZT가 설립되었습니다.

그러나 대공황이 다가왔고, 영국에서의 비행선의
사고가 투자자를 얼어붙게 만들었습니다.

거기에 나치의 집권은 또 다른 악재였습니다,
서서히 독일과 미국 사이에
긴장이 생겨나고 있었고

측풍에 급하게 착륙하던 힌덴부르크 호가
정전기로 인해 발생한 화재로 폭발하며

비행선 사업은 결정타를 맞았습니다.
이제 미국인들은 수소 비행선에
투자하지 않을 것입니다.

에케너는 미국 정부에게서 헬륨을
구입하기 위해서 애썼지만,

미국은 나치 독일에게 전략물자인 헬륨을
판매할 수 없었고, 비행선의 운명도
거기까지였습니다.

진정한 상업적인 정기 대서양 횡단 항공편은
팬 아메리칸 항공이 정복했습니다.

거대한 여객 비행정인 보잉 314는 1939년
5월 뉴욕을 출발하여 프랑스에
도착하였습니다.

한때 대양을 누볐던 은빛 거인은 격납고에 방치
되다 괴링의 명령으로 해체되었고,

비행선 공장은 군수공장이 되어 V-2 로켓의
부품을 생산하게 되었습니다...

민간 항공 산업

값비싸고 비효율적인 기술의 초기 고객은 대개 군대입니다. 점차 기술 완성도가 높아지고 단가가 내려가면 민간용으로 상용화되지요. 통조림, GPS, 디지털 카메라, 인터넷, 덕트 테이프 등이 본래 군용으로 개발되었던 물건입니다. 그러나 이제는 우리 주변에서 없어선 안 될 물건들이 되었지요. 항공기 또한 마찬가지였습니다. 라이트 형제가 막 회사를 설립*하고 비행기를 처음으로 판매했던 고객은 미군이었습니다. 한두 명을 태우고 비행할 수 있었던 나무와 캔버스로 만든 '동력 글라이더'에는 군사 용도로는 무궁무진한 활용도가 잠재되어 있었지만, 상업 용도로는 부자들의 장난감 말고는 별다른 용도가 없어보였습니다.

항공기들이 활약했던 1차 세계대전이 끝나고 본격적으로 민간 항공 시대가 시작되었습니다. 전쟁의 참화를 온몸으로 겪고 국가를 재건 중이던 유럽과 달리 대서양 너머의 미국 경제는 온전한 기반시설을 가지고 대호황을 맞아 '광란의 20년대'를 보내고 있었습니다. 각종 중소 규모 항공사가 설립되어 여객운송을 시작했지만, 소수 부자들의 전유물 수준이어서 시장 크기는 작았고, 항공사 수익성도 나빴습니다.

오늘날의 거대한 민간 항공 산업은 미국 연방정부의 관료들의 산물이었습니다. 미국의 우편물 서비스를 담당하는 미 체신부는 1792년 수립되어 오늘날까지 그 업무를 다하고 있습니다. 거대한 북아메리카 크기 때문

---

*   1909년 11월 22일 라이트 사 창사

에 당시 우편은 유일한 통신 수단으로써 국가를 통합하는 막중한 임무를 가진 부서였습니다. 배타적인 개척민들조차 우편업무를 이용하고자 연방정부의 권위를 인정하고 세금을 납부했지요. 우체국은 지방의 미국인들이 볼 수 있는 유일한 연방정부기관이었습니다.

우체부들은 마을과 마을 사이의 길을 개척했고 우체부들이 다니던 길이 도로가 되곤 했습니다. 운하와 철도와 같은 새로운 교통 수단이 나올 때마다 체신부는 서비스 향상을 위해 뛰어들어 공공 우편물로 일감을 제공하고, 민간 업체와 우편물 운송 계약을 체결해 새로운 교통 시스템이 북미 대륙의 구석 구석에서 활성화되도록 도왔습니다.

항공우편은 당시의 항공기가 나를 수 있는 화물 중에서는 가장 수익성이 높았습니다. 1918년 5월, 워싱턴에서 필라델피아를 경유해 뉴욕으로 도착하는 첫 번째 정기 항공우편 노선이 시작되었습니다. 초기에는 육군 항공대의 지원을 받아 미군 파일럿이 조종하는 커티스 사의 폭격기 JN-4를 우편 운송에 사용했지만, 8월부터는 우체국 소속의 민간 파일럿들과 자체 항공기로 대체되었습니다.

항공우편은 북미 대륙의 항공로를 개척했습니다. 1920년 9월에는 샌프란시스코까지의 구간이 개척되어 대륙 횡단 배송이 가능해졌으며, 1923년에는 시카고에서 샤이엔까지의 장거리 구간에서 야간 비행이 가능해졌습니다. 항공 비콘** 289개와 조명 5개가 설치된 정규 비행장과 보조 비행장 34개가 설치되었지요.

1924년 7월 1일부터는 항공우편의 익일 배송 서비스가 시작되었습니다. 철도로 91시간 걸리던 동부에서 서부로 배송 시간은 단 29시간으로 단축되었습니다. 1925년에는 전 구간에 항공조명이 설치되었습니다. 이로써 미국 전역을 잇는 24시간 항공 교통의 기반시설이 완성되어 민간 업체들이 자생할 수 있는 환경이 완성되었습니다.

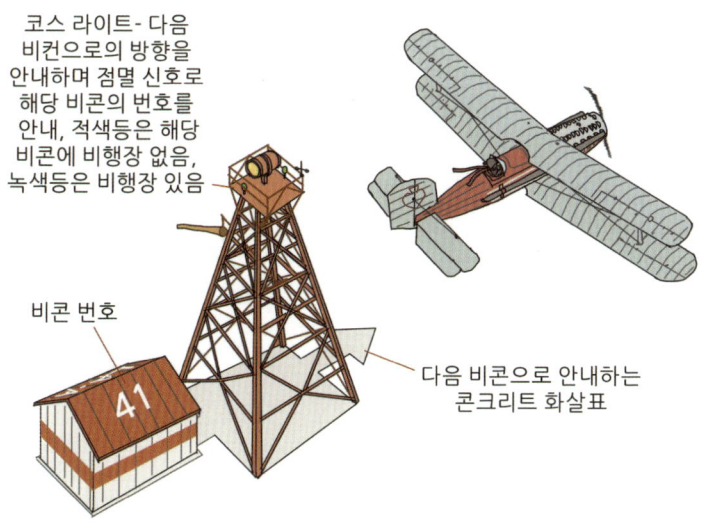

비콘 스테이션

코스 라이트 - 다음 비컨으로의 방향을 안내하며 점멸 신호로 해당 비콘의 번호를 안내, 적색등은 해당 비콘에 비행장 없음, 녹색등은 비행장 있음

비콘 번호

다음 비콘으로 안내하는 콘크리트 화살표

** Beacon. 비행하는 항공기에 현재 위치를 알려주는 무지향(광원·전파) 장비. 항공기용 등대 역할을 하는 항행보조시설

인트로

1929년 10월, 미국발 대공황이 세계 경제를 덮쳤습니다.

주가는 바닥을 모르고 폭락했고, 회사는 문을 닫고 실업률은 치솟았습니다.

미국의 관세장벽으로 독일 기업은 시장과 투자자를 동시에 잃었지요.

독일의 총 산업 생산량은 반토막이 나고 실업률은 200% 증가했습니다

전후 처리로 아직 기반이 연약하던 독일 경제는 그대로 초토화되었습니다.

그동안 독일에 제공됐던 외국 차관이 회수되며 은행들의 연쇄적인 파산에 이어서...

독일 사회는 패전과 경제의 붕괴로 인해서 점점 극단주의로 기울기 시작했지요.

기존의 독일 정치인들은 이 참사의 책임에서 누구도 자유로울 수 없었습니다.

그동안 괴짜 정도로 취급되던 아돌프 히틀러와 나치당에게는 독일의 위기가 곧 기회였습니다.

1932년에는 나치당이 독일 원내 제1당이 되었으며 1933년에는 히틀러가 총리로 임명됩니다.

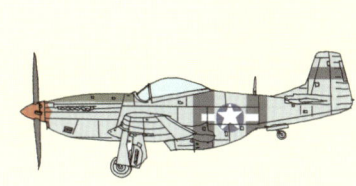

10화
콘도르 군단

같은 해 통과된 수권법으로 의회를 무력화한 히틀러가 독일의 모든 권력을 장악합니다.

의회는 자신들의 손으로 입법권을 히틀러에게 넘겼습니다.

그에게는 망상적이면서도 명료한 야망이 있었지요

독일의 생존을 위해 땅과 자원을 얻어야 한다는, 일명 레벤스라움을 확보하기 위한 전쟁을 꿈꿨습니다.

1935년, 히틀러는 베르사유 조약을 파기하고 독일군의 재무장을 지시했습니다.

괴링이 국장을 맡은 제국 항공부는 민간 항공사인 루프트한자와 협력하여 공군을 재건하였습니다.

사실 히틀러의 지시 이전에도 독일 공군의 명맥은 비밀리에 소련에서 이어져오고 있었습니다.

당시 정치적인 이유로 전투 파일럿 양성에 어려움을 겪던 두 국가가 손을 잡은 것입니다.

소련의 리페츠크에 세워진 비행학교는 독일과 소련의 파일럿들을 훈련시켰습니다.

위조여권으로 민간인으로서 소련에 입국한 독일군 베테랑 파일럿들의 교육을 받았지요.

비행학교가 세워진 1924년부터 나치가 집권하고 비행학교가 폐쇄된 1933년까지,

450명 이상의 파일럿이 훈련을 받았습니다. 이들은 귀국한 후 독일 공군 창설의 토대가 되었지요.

뿐만 아니라 독일에서 설계한 군용기의 테스트가 비밀리에 이루어졌고,

이때 이루어진 융커스 사와의 교류가 소련의 항공기 설계에 영향을 미쳤습니다.

1922년에는 연합국이 독일의 민간 항공기 제조 금지령을 일부 제한만 남기고 해제하여

민간기에 한해서 독일의 항공기 설계 및 제작이 가능해졌습니다.

도르니어처럼 외국으로 회사의 국적을 변경하여 합법적으로 군용기를 개발하는 경우도 있었지요.

덕분에 독일 항공 산업계는 기술 개발을 이어가 현대적인 항공 기술을 유지할 수 있었습니다.

이러한 물 밑에서의 노력으로 루프트바페는 재무장 선언과 함께 빠르게 재건되었습니다.

한 예로 재무장 선언 두 달만에 Do 11은 상업용 우편배송기에서 폭격기로 변신했습니다.

1936년, 역시 대공황의 여파로 혼란스럽던 스페인 공화국의 선거에서 좌익 연합이 승리하자

우익 성향의 군부와 민족주의자들이 쿠데타를 일으켜 스페인 내전이 발생합니다.

히틀러는 곧바로 스페인의 파시스트 친구들을 지원하기로 결정합니다.

스페인은 막 창설된 신생 루프트바페가 실전 경험을 쌓을 전장으로 제격이었지요.

국민파의 큰 고민은 자신들의 정예 전력인
스페인 식민군이 모로코에 묶여 있다는 것이었죠.

공화파 해군이 모로코와 스페인 사이의 해협을
봉쇄했기에 이들을 수송하는 것이 어려웠습니다.

1936년 7월 26일, 루프트 한자 소속 Ju 52
10대가 이탈리아를 경유해 모로코에 도착합니다.

Ju 52는 한 번에 40여 명의 병사들을 수송했고
일주일에 1200명의 병력을 수송했습니다.

8월 13일, 독일군은 보다 공격적인 작전을
개시하기로 결정합니다.

공화파 해군의 핵심 전력인 전함 차이메 1세를
공격하기로 결정한 것입니다.

폭격기로 개조된 Ju 52가 쏜 250kg 폭탄
두 발이 선수와 함교에 명중해 함을 중파시켰고

전함은 내전이 끝날 때까지 전투불능 상태로
드라이 도크에서 수리를 받아야 했습니다.

이후 10월에 공화파가 해상 보급로를 확보하며
공수 보급 작전은 중단되었으나

2개월 동안 병력 2만 명과 군수품 270톤,
야포 30문을 스페인으로 공수하였습니다.

일련의 항공 작전으로 스페인 국민파는
보급로를 확보하고 병력을 보충할 수 있었습니다.

항공전력의 우세가 전략적으로 영향을 끼친
또 하나의 사례라고 할 수 있겠네요.

동시에 독일은 국민파에 대한 지원을 더욱
확대하며 일명 "콘도르 군단"으로 불리는

형식적으로는
"독일군을 전역한 자원봉사자"들로 구성된
5000여 명 규모의 공군 부대를 파견합니다.

콘도르 군단은 일명 셔틀 공격이라고 불리는,
한 편대가 공격을 개시하는 동안

다음 편대가 재보급을 마치고 공격을 나서는
전술로 적은 숫자로도 효과적으로
적을 공격했습니다.

이는 잘 훈련된 루프트바페의 지상요원들과
보급 체계 덕분이었습니다.

스페인 내전에서 루프트바페가 배운 전훈은
지상군과의 합동 작전의 중요성이었습니다.

콘도르 군단의 파일럿들은 하루에
최대 3회 이상을 출격할 수 있었지요.

기계화된 육군은 빠르게 기동했고,
참호 속에 틀어박힌 소모전은 끝납니다.

이러한 빠른 전쟁에서 승리하기 위해서 공군은
육군과 긴밀하게 협조해야 했고

콘도르 군단은 원활한 소통을 위해서
지상군의 사령부와 같이 지휘부를 설치했고

대규모로 조직화된 정밀한 작전을
수행해야 했습니다.

일선의 전방 부대에는
연락장교들을 배치했습니다.

콘도르 군단은 지상 부대에 대한 현대적인
항공지원 교리도 확립했습니다.

작전은 정찰기가 제공한 정보를 통해 지상군
지휘관과 공군 지휘관의 협의하에 결정되며,

지상군 일선 지휘관과 공군 연락장교는
공군기지와 연결된 전방 지휘소에 위치합니다.

지상군 지휘관은 직접 항공기와 교신할 수는
없지만, 공군 기지를 거쳐 교신할 수 있었지요.

지상군 포병의 공격과 함께 폭격기들이
돌파점에 화력을 쏟아붓습니다.

공격이 끝나는 동시에 기계화된 지상군이
점으로 집중되어 전선을 돌파합니다.

공군은 전선의 후방에서 적의 지휘소와 보급창고,
증원군을 타격하여 적에게 혼란을 일으킵니다.

이러한 스페인 내전에서의 경험은
훗날 독일군의 전격전 전략에 영향을 주었지요.

내전은 1939년, 프랑코가 이끄는 국민파
군대가 마드리드를 점령하며 끝났습니다.

이는 히틀러의 콘도르 군단의
승리이기도 했습니다.

1만9000명 이상의 루프트바페 병사들이
순환 배치되며 실전을 경험했고,

1차 세계대전 이후로 실전 경험이 없던
다른 유럽의 공군에 비해서 큰 강점이었지요.

다른 한편으로는 한 장의 그림이 앞으로 다가올
전쟁의 파괴를 예고하고 있었습니다

게르니카 마을의 교량을 파괴하기 위해
콘도르 군단은 32톤의 폭탄을 퍼부었습니다.

7000명이 거주하는 작은 도시인 게르니카에서
2500여 명의 민간인 사상자가 발생했습니다.

정작 목표였던 교량은 어이없게도
폭격에도 멀쩡했지만...

파괴된 도시의 잔해로 인해
공화파 군대의 퇴각은 3일간 지연되었습니다.

이것이 앞으로의 전쟁이었습니다.

콘도르 군단

　우익과 군부, 민족주의자 세력이 결집해 1936년 7월 쿠데타를 일으킨 스페인 국민파는 본래 가장 중요한 목표였던 스페인에서 가장 큰 두 도시인 마드리드와 바르셀로나 점령에 실패했습니다. 공화파 정부는 민병대를 조직하고 좌익 노조를 무장시키며 끝질기게 도시를 지켰습니다. 실패한 쿠데타는 이제 내전으로 변했습니다. 10만 명의 스페인군과 6만 명의 스페인 경찰들은 각자의 이념에 따라서 국민파와 공화파로 반반 갈라졌습니다.

　프랑코*가 이끄는 국민파의 가장 큰 고민은 자신들의 최정예 전력인 아프리카 군단을 본토로 수송하는 것이었습니다. 모로코에서 리프 전쟁에 참전했던 모로코 자원병 2만 명, 스페인 외인부대 5천 명, 스페인군 1만 명의 정예병들이 지브롤터 해협을 넘어서 스페인 본토의 국민파와 합류한다면 전세는 크게 기울 것이었습니다. 그러나 공화파는 제해권을 장악하고 있었습니다. 쿠데타를 먼저 알아챈 수병들은 반란에 가담한 해군 장교들을 체포하고 처형했지요. 전함 차이메 1세를 포함한 스페인 해군의 주요 전력은 공화파의 통제하에 들어갔고, 공화파 해군은 제빠르게 해협을 봉쇄해 아프리카 군단이 해협을 건너지 못하게 했습니다. 이제 유일한 방법은 항공기를 통한 수송이었지만, 국민파 소유의 항공기는 소수였습니다.

　프랑코는 독일인 사업가를 통해 히틀러와 접촉해 항공기와 보급품을 요청했습니다. 히틀러는 전후 스페인의 광물 자원을 대가로 약속받고 파

---

*　1892년 12월 4일 ~ 1975년 11월 20일

시스트 동지의 요청을 흔쾌히 수용했습니다. 곧 독일 공군 재건에 한창이던 괴링에게 스페인 국민파를 지원하라는 명령이 떨어졌습니다. 독일의 항공사인 루프트한자 소속 Ju 52 수송기** 10대가 징발되었고, 85명의 독일 공군 소속 자원 봉사자가 투입되었습니다.

이들은 페이퍼 컴퍼니인 '스페인 독일 운송 유한회사' 소속 직원으로 위장되었지요. 모로코의 테투안 비행장에서 스페인 본토의 세비야까지 비행에 약 1시간이 걸렸습니다. 본래 17인승으로 설계되었던 Ju 52의 정원을 두 배 초과하는 40명의 병사들을 과적해 수송했죠. 독일군은 매주 1,200명을 수송하며 2개월 반 만에 2만 명 이상의 아프리카 군단을 스페인 본토로 수송했습니다. 군수품 270톤과 야포 30문 또한 함께 수송되었지요.

Ju 52

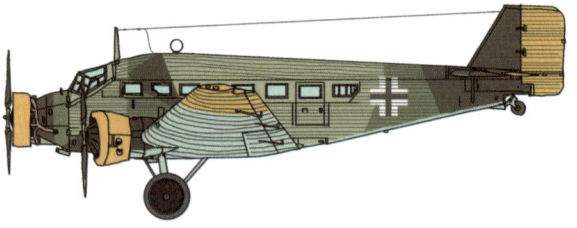

드디어 국민군에 합류한 아프리카 군단의 분전으로 각 거점이 분단되었던 국민파는 스페인-포르투갈 국경지대 전체를 점령해 점령지 연결에

** 1930년대 독일 융커스 사에서 개발한 3발 여객기겸 수송기

성공했습니다. 포르투갈 정부는 국민파에 협조적이었고 이제 국민파는 포르투갈을 경유해 안정적으로 보급을 받을 수 있게 되었습니다.

    1922년, 연합국은 독일의 민항기 개발을 허용했습니다. 융커스 사가 설계한 3발 엔진 항공기인 Ju 52는 가벼우면서도 충분한 강성을 확보하기 위해 주름진 두랄루민을 사용했지요. 전쟁 이전의 Ju 52는 민항기로서 독일의 국책 항공사인 루프트한자와 유럽 각지의 항공사에서 주로 여객과 화물 운송에 사용되었습니다. 히틀러가 스페인 내전 개입을 시작하며 군용기로 쓰이게 된 Ju 52는 본래 수송 임무 외로도 간단한 개조를 통해 폭격기, 수상기, 글라이더 견인 등의 다양한 임무에 쓰였습니다. 그중에서도 Ju 52의 가장 특이한 임무는 기뢰 제거였습니다. 선박에 반응해 폭발하는 자기 기뢰를 전자기장을 발생시키는 장비로 기폭시켜 해체하는 임무를 맡았지요.

기뢰 제거 중인 Ju 52

인트로

1939년 9월, 독일군이 폴란드 침공을 개시합니다.

이에 영국과 프랑스가 독일에 선전포고하며
2차 세계대전이 시작되었습니다.

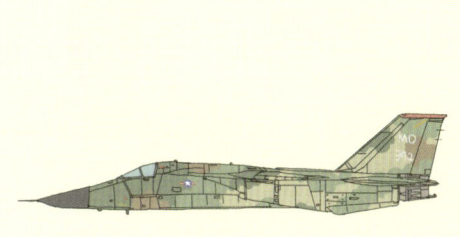

11화
영국 본토 항공전 上

히틀러는 영국과 프랑스의 참전 소식을 듣자 상당히 당황했습니다.

그러나 정치적 결단력이 부족했던 연합군은 선전포고를 하고도 공세를 취하지 않고

영국과 프랑스와의 전쟁은 계획은 하고 있었지만 지금의 독일군은 아직 준비된 상태가 아니었지요.

독일군의 움직임에 따라 대응한다는 소극적인 태도를 보였습니다.

폴란드 전역이 정리되고 전열을 가다듬은 독일군은 1940년 5월, 프랑스 침공을 개시,

독일과 프랑스는 같은 1차 세계대전을 치뤘지만 전훈을 각자 다르게 해석했습니다.

기갑 부대를 앞세운 기동전으로 6주 만에 항복을 받아냅니다.

결과적으로 프랑스군의 병기는 현대화되어 있었지만 구시대적인 전술과 교리가 패착이 됐습니다.

이제 유럽에서 독일의 적수는 영국뿐이었습니다.

도버 해협을 지나 영국에 상륙한다는 바다사자 작전이 이미 계획되어 있었지만

문제는 영국은 섬나라이며 막강한 해군 강국이라는 점입니다.

해군의 압도적인 전력차로 인해서 작전의 실행은 불가능했습니다.

독일군에게 유일한 카드는 공군을 통해 제공권을 확보하고 영국 함대를 몰아내는 것입니다.

루프트바페의 강점으로는 영국군보다 더 큰 규모와

그동안 연전 연승을 이어가던 괴링은 영국 공군을 파괴할 것을 장담했습니다.

그간의 실전 경험으로 숙련된 파일럿들이 있었지요.

그러나 영국군은 1차 세계대전에서 독일의 공습을 겪으며 본토 방공을 착실하게 준비하고 있었지요.

1934년, 영국 항공부는 과학자 로버트 왓슨 와트에게 전파를 이용한 방공기술의 자문을 구합니다.

특히 레이더를 통한 조기경보 시스템이 영국군에게 큰 이점을 제공했습니다.

처음에는 전파를 이용한 "죽음의 광선" 개발을 요구했지만, 곧 레이더 개발로 방향성이 바뀌었지요.

1935년에 BBC의 단파 라디오 송신기를 이용한 실험에서 항공기를 탐지하는 데 성공하면서

레이더 기술의 가능성을 확인하고 개발을 시작했습니다.

왓슨 와트의 "라디오 방향 탐지기"는 6개월 만에 시제품이 완성되었고,

약 60km 떨어진 지점의 항공기를 탐지할 수 있었습니다.

기존의 청음과 목측에 의존하던
방공 시스템에서 이는 커다란 진보였습니다.

그러나 한계점도 있었지요.

레이더 단기로는 항공기의 방위를
알아낼 수가 없었습니다.

2기 이상의 레이더 마스트가 작동되야만
적기의 방위를 알아낼 수 있었습니다.

1939년에 "체인 홈" 시스템은
120km 밖의 항공기를 탐지할 수 있었고

30여 개의 레이더 사이트가
영국의 해안선을 따라 배치되었습니다.

해안선을 따라 늘어선 이 철탑이
무엇인가에 대해서 독일군도 의문을 품고

몇 차례의 정찰에서 뚜렷한 성과를 내지 못하며
잊혀지고 말았지요.

고정된 한 방향으로만
탐지가 가능하다는 것도 문제였습니다.

일단 적기가 레이더를 통과하고 나면
탐지할 수가 없었지요.

이러한 문제를 해결하기 위해서 영국군은

저고도용 "체인 홈 로우" 레이더를
설치하여 방공망을 강화하였습니다.

또 다른 영국인들의 강점은 통신망이었습니다.
영국 전역의 1000개 이상의 감시초소가

3만 명의 자원봉사자들에 의해서
운영되며 전화를 통해 연결되었습니다.

이러한 방공 시스템은 영국 공군 사령부의
지휘를 받으며 서로 유기적으로 연계되어

영국 외부와 내륙의 항공기들을
끈질기게 추적했습니다.

모든 정보들은 런던의 벤틀리 수도원의
지하 벙커 속 "필터 룸"으로 모였지요.

거대한 신경망의 중심에 있는 이 방이
일명 **다우딩 시스템** 이라고 불리는 영국
방공망의 중추였습니다.

8월 1일에는 총통은 "공군은 가능한 한 빠르게 영국 공군을 파괴할 것"을 지시하였습니다.

영국 본토에 대한 항공 작전이 시작된 것입니다.

독일군에게는 주어진 시간이 부족했습니다. 겨울이 되면 북해의 날씨는 최악으로 변할 것이고

대규모 항공 작전은 불가능해질 것입니다.

그러나 괴링에게도 믿는 구석이 있었지요.

참모들의 보고에 따르면 그동안의 소모전으로 영국에 남은 전투기는 500여 대에 불과했고,

반면 루프트바페는 1300여 기의 폭격기와 1100여 기의 전투기를 투입할 수 있었습니다.

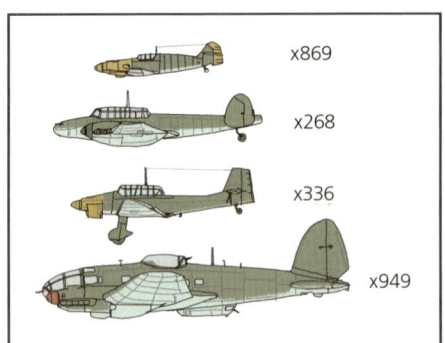

단 3일이면 영국 공군을 잿더미로 만들 수 있다는 계산이었습니다.

8월 13일, 대규모 공격이 시작되지만...
상황은 괴링의 생각과는 달랐습니다.

첫 번째 공격부터 엉망이었습니다. 명령이 제대로 전달되지 않아 폭격기들에게 호위기가 없었지요.

폭격기 4기가 격추되었고
4기가 반파되었습니다.

공습으로 전투기 10기를 파괴했다고 보고했지만 비행장은 사실 비어 있었습니다.

게다가 독일군 작전 지도에서 비행장은 파괴된 것으로 표시되었지만...

실제로는 영국군은 10시간 만에 비행장을 복구하였습니다.
독일 지휘부는 총체적으로 무능했습니다.

다른 지역에서의 공세도 비슷한 양상을 보였습니다.

레이더 관제를 받는 영국 전투기들은 효과적으로 침략자들을 격퇴했습니다.

13일의 전투에서 루프트바페는
39기의 항공기와 66명의 파일럿을 잃었습니다.

반면 영국군은 15기의 항공기와
4명의 파일럿을 잃었지요

이 통계에서 알 수 있는 점은
영국군은 기체가 손상되어도

탈출에 성공하면 다시
기지로 복귀하여 싸울 수 있었지만

독일군은 항공기와 운명을
같이 해야 했다는 점입니다.

옵션은 3가지였지요, 으깨지거나,
물고기 밥이 되거나, 포로 생활입니다.

다행인 점은 영국인들이 파일럿들에게
신사적으로 대했다는 점입니다.

임무를 마치고 복귀하던 파울 중위는
격추되어 영국군에게 포로로 잡혔습니다.

비행장의 사령관은 중위를 정중하게 대하며
영국식 아침식사를 대접하고는...

포병대에서도 마침
아침식사가 한창이었습니다.

포로인 파울 중위를
인근의 포병대로 인계했습니다.

파울 중위는 두 번째 영국식 아침식사를
대접받았지요.

마지막으로 그는 판버러 공군기지로 이송되어

어찌됐든 루프트바페는 이런 손실율을
감당할 수 없었습니다.

그날 아침에만 세 번째 아침식사를
하게 되었습니다.

항공기는 다시 찍어낼 수 있지만,
숙련된 파일럿들은 다시 돌아오지 않습니다.

반면에 영국군은 독일군의 예상과 달리 이미 항공기 1400기를 보유하고 있었습니다.

8월 중의 독수리의 날 작전은 실패였습니다. 독일군은 항공기 900여 기를 손실했고,

40년식 전차 ★전액할부★
앵글로 색슨 우대 ★식민지 담보★ 가능

영국군은 444기를 손실했습니다.

8월 24일 밤, 로체스터 항공기 공장을 노리는 독일 폭격기들이...

보복 공격을 우려하는 참모들의 만류에도 불구하고

템즈강을 메드웨이강으로 착각하여 런던 시가지에 폭탄을 투하했습니다.

처칠은 즉시 베를린을 폭격할 것을 명령했습니다.

8월 28일, 제국의 수도가 폭격 당했습니다.

총통은 베를린 상공을 영국인들이
통과했다는 사실에 분노했고,

괴링은 점점 초조해지기 시작했습니다.

겨울이 다가오고 있었습니다.

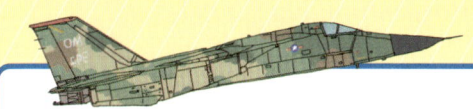

영국 본토 항공전(상)

　히틀러의 군대가 연합군과 프랑스를 짓밟았습니다. 프랑스 정부는 이미 전세가 기울어진 상황에서 더 이상의 싸움은 무고한 프랑스 국민의 희생만 더 키울 뿐이라는 판단하에 독일군에 항복했습니다. 히틀러는 점령된 프랑스를 방문해 파리의 건축물을 감상하고 나폴레옹이 안장된 앵발리드를 찾았습니다. 히틀러는 지금은 관속에서 평온을 찾은 나폴레옹의 영광스러웠던 유럽 정복부터 세인트 헬레나 섬에서의 쓸쓸한 최후까지를 곱씹으며 많은 것을 느꼈을 겁니다.

　영국은 히틀러가 가장 경계하는 적이었습니다. 히틀러는 프랑스의 항복 이후 영국과 협상을 맺어 전쟁을 끝낼 수 있기를 기대했지만, 처칠은 비겁한 평화를 단호히 거절했습니다. 1940년 5월 영국은 덩케르크에서 연합군 병력 30만 명의 철수를 성공시켰습니다. 덕분에 많은 연합국 병력을 보존했지만, 모두를 구할 수는 없었지요. 7만여 명의 영국군은 사망 또는 포로로 잡히거나 프랑스 남부에 고립되었습니다. 게다가 원정군의 각종 장비들은 유기되어 독일군에게 노획되었습니다. 차량 6만4천여 대, 탄약 7만6천 톤, 보급품 40만 톤, 포 2,500문에 달하는 막대한 손실이었습니다. 영국군의 전력은 크게 약화된 상태였습니다.

　만약 독일군이 영국 본토 상륙에 성공한다면 가망이 없을 것으로 보였습니다. 영국의 해안에 철조망과 지뢰가 매설되고 구형 함선에서 탈거한 함포들을 해안포로 설치했습니다. 미국 시민들은 25,000정의 총기를 비무장한 영국의 불쌍한 민간인들이 '미국인들처럼' 자신의 가정을 보호하며 상륙한 독일군에 맞서 싸울 수 있도록 기부했습니다. 최악의 때에는 독가스를 사용할 계획까지 세워졌습니다. 다행인 것은 영국 해군이 바다를 굳건히 지켰다는 점입니다.

독일군의 유일한 카드는 공군이었습니다. 유럽 최강의 공군인 루프트바페가 영국 공군을 일소하고 나면 영국 해군은 그저 떠다니는 과녁이 될 겁니다. 독일군의 (잘못된) 정보에 따르면 영국군은 지금까지의 전투로 전투기 400대만이 잔존해 있을 뿐이었습니다. 그에 비해서 루프트바페는 2,500대의 항공기를 투입할 수 있었지요.

참모들의 계산에 따르면 단 3일의 항공 작전으로 영국군 전투기들은 파괴될 것이고, 제공권을 장악한 독일군은 도버 해협을 통해서 영국 본토에 상륙하는 '바다사자 작전'을 실시할 겁니다. 총 41개의 사단이 상륙해 한 달 안에 영국을 점령한다고 계획했지요.

그러나 영국 공군의 전력은 과소평가된 독일군의 보고서와는 달리 점점 강력해지고 있었습니다. 영국 공군은 손상된 기체를 민간 시설을 동원해 수리하고, 중립국 미국에서 무장을 탈거한 항공기를 구매해 7월에는 700기 이상의 전투기를 보유하고 있었고, 이후 영국 본토 항공전이 끝날 때까지 전투기 496기를 추가적으로 배치했습니다. 반면 괴링이 보유한 2422기의 항공기 중 1,285기는 폭격기였고, 268기는 공대공 전투에서 좋지 않은 성능을 보여주었던 쌍발전투기 Bf 110였습니다. 실질적인 대공 전투에 사용할 전투기는 'Bf 109' 869기라고 볼 수 있지요.

게다가 독일군이 제대로 파악하지 못했던 영국의 다우딩 시스템과 레이더 덕분에 영국 공군은 상대적으로 더 적은 전력으로도 올바른 시간과 장소에 전력을 집중해 더 효과적으로 독일군과 맞서 싸울 수 있었습니다.

1940년 7월~10월 공군 손실 통계*

	독일 공군	영국 왕립 공군 (RAF)	
항공기 손실	2,698기	RAF 전투기 사령부	1,023기
		RAF 폭격기 사령부	376기
		RAF 해안 사령부	148기
승무원 손실	2,698 명	544명	

스핏파이어는 지금도 아름다운 항공기를 꼽을 때 항상 등장합니다. 우아한 보트 모양의 주익과 마치 살아있는 생명체처럼 자연스럽게 이어지는 유선형 동체, 파일럿에게 우수한 시야를 제공하는 버블 캐노피, 치명적인 6정의 브라우닝 기관총으로 무장한 스핏파이어는 일명 '날개달린 아르데코 양식'이라고 불렸습니다. 군용 병기가 심미적으로 아름답게 보이는 것은 특이한 일은 아닙니다. 전사가 자신과 병기를 화려하게 치장하는 것은 위장복이 도입되는 19세기까지 흔한 일이었지요. 그러나 항공기 디자인은 사소한 부분 하나도 기능적으로 설계되지 않은 곳이 없습니다. 조그마한 볼트가 튀어나와 있는 것조차 공기역학적으로 기체의 성능 저하를 불러올 수 있어 꼼꼼하게 볼트의 표면을 갈아내는 마감 처리가 필요하지요.

---

*   The Battle of Britain- richard overy

특히 성능의 차가 바로 죽음으로 이어질 수 있는 군용 항공기에는 심미적인 아름다움을 위한 설계는 있을 수 없는 일이었습니다. 그럼에도 순전히 성능을 추구하며 군사적인 용도로 설계된 이 항공기가 역설적으로 이렇게 아름다운 모습인 것은 마치 육식동물이 먹이를 사냥하기 위해 진화하며 더 날렵하고 강인한 인상을 가지게 된 것과 같은 이치일 것입니다.

스핏파이어의 전신은 슈퍼마린 사가 개발한 일련의 경주용 수상기들인 S시리즈였습니다. S는 당대 최대의 항공기 경주 대회중 하나였던 '슈나이더 컵'을 의미하지요. 1913년 첫 번째 대회에서 경주용 항공기의 속도는 130km/h 정도였지만, 10년이 지난 1924년에는 285km/h에 달했습니다. 슈퍼마린 사는 더 빠른 항공기를 설계하기 위해 공기 저항이 적은 단엽기 설계에 도전했지요. 슈퍼마린 S.4는 사고로 경기에는 참여하지 못했지만, 당시의 단엽기 설계에는 흔했던 주익을 지지하는 와이어나 지지대가 없는 현대적인 캔틸레버형 날개를 도입했습니다. 금속 모노코크 동체와 더욱 진보한 공기 역학설계를 적용한 후속 모델인 S.6에 이르러서는 스핏파이어의 모습을 엿볼 수 있게 되지요.

> 인트로

루프트바페가 영국 본토 항공전에서
보여준 가장 큰 문제점은

육군을 보조하는 전술 공군으로서의
한계였습니다.

독립적으로 작전을 수행하는
전략 공군이 되지 못했던 것이죠.

특히 정보력의 부재가 치명적이었습니다.

12화
영국 본토 항공전 下

독일 정보원들이 알아낸
영국 공군의 정보는 엉터리였습니다.

영국의 강력한 방공망을 뚫고
정찰 임무를 수행하기 어려워졌기에

정보원들은 영국의 항공기 수량과
생산능력을 축소 보고하였습니다.

점차 정찰임무도 줄어들어
지도에 의지하게 된 것 또한 패착이었습니다.

제 1순위 목표였던 전투기가
배치된 기지를 찾지 못해

공습이 끝난 후 적의 피해 규모를
평가하지도 못했지요.

폭격기 기지나 예비 비행장을
폭격하는 일이 다반사로 일어났고

폭탄이 빗나가거나 작은 피해를 입은
시설도 파괴되었다고 판단했습니다.

때문에 독수리의 날 작전이 끝나고,
적어도 보고서 속에서는

모든 것이 순조롭게
흘러가는 것으로 보였지요.

아군이 1기를 잃을 때마다
영국은 5기를 잃었다는 높은 교환비를 보이며

영국 비행장 8곳을
완전히 파괴했다고 보고되었습니다.

그러나 보고서 상에서는
반신불수 상태인 영국 공군은

여전히 런던의 하늘에서
벌떼처럼 날아올랐습니다.

뿐만 아니라 루프트바페의
기체에도 문제가 있었습니다.

공습의 핵심이 될 폭격기 전력이
고질적인 약점이었습니다.

루프트바페는 전쟁이 끝날 때까지
전략 공군의 상징이라고 할 수 있는

대형 4발 중폭격기를 양산하지 못했습니다.

루프트바페가 창설되었을 때
중폭격기의 시제품이 제작되었으나

괴링과 에른스트 우데트가 지지하던
급강하폭격기 계획에 밀려 취소되었지요.

1933년, 미국을 여행하던
1차 세계대전의 에이스 에른스트 우데트는

커티스 사의 급강하 폭격기를 시험 비행
해본 후로 급강하 폭격의 지지자가 되었습니다.

중폭격기를 통해서
바보 폭탄을 쏟아붓는 것보다

급강하폭격기를 통한 정확한
한 발의 폭탄이 훨씬 낫다는 것입니다.

현실적인 이유로서는 독일의 항공 산업이

아직 중폭격기를 대량으로 양산할 정도로 크지 않았다는 것입니다.

더 적은 폭탄으로 목표를 파괴할수록

더 적은 수의 항공기와 파일럿이 필요할 것입니다.

괴링의 구상은 스마트 폭탄으로 목표물을 정밀하게 타격하는

마치 현대의 공군 같은 모습이었을 수도 있겠지만

급강하폭격기에는 치명적인 단점이 있었지요.

바로 폭탄을 투하하고 상승할 때 속도가 매우 느려지는 것입니다.

노련한 파일럿은
이 순간을 노렸습니다.

거의 멈춰 있는 것처럼 보이는 슈투카들을
손쉽게 사냥했습니다.

급강하 폭격에 대한 집착은
대형폭격기 사업에도 이어집니다.

우데트는 거의 모든 폭격기가 급강하 폭격
기능을 가져야 한다고 주장했습니다.

결국 4발 엔진의 대형폭격기 사업은
지연되고 실패했으며

무리한 요구로 인해 탄생한
키메라들이 격납고를 채웠습니다

이러한 삽질을 하는 통에 영국 본토 항공전에서
신예 폭격기들이 배치되지 못하고

느린 구형 기체들을 운용해야 했습니다.

루프트바페는 세계 최초의
제트전투기를 개발하는 등

기술적으로는 세계 일류 수준이었으나

동시에 전투기로 설계된 기체를
폭격기로 사용하라고 고집하여

시간과 자원을 무의미하게 소모했습니다.

결국 제대로 된 폭격기가 없었던 독일은

영국 공군을 파괴하는 데 실패했습니다.

한 가지 목표에 집중하지 않고 비행장과
레이더 기지, 산업 시설, 대도시와 같은

목표물에 분산되어 공습이
비효율적이었던 것도 문제였습니다.

전술적인 면에서는 루프트바페와 영국 공군의 싸움은

Bf 109와 스핏파이어의 대결입니다.

Bf 109는 뛰어난 설계의 DB 601 엔진의 연료 직접 분사 시스템 덕분에

상승 속도와 급강하 속도가 우월했고

스핏파이어는 뛰어난 수평속도와 저속 비행 성능, 더 짧은 회전반경을 가졌습니다.

화력에서는 스핏파이어와 허리케인은 모두 8정의 .303구경 (7.7mm) 기관총을 장비하였고

한 문당 300발의 탄약을 장비했습니다.

높은 발사 속도로 인해서
15초 정도 방아쇠를 당기면

.303 탄약은 제식소총에서
보병들이 사용하는 소총탄이었습니다.

탄약이 전부 소진되었습니다.
전투 지속력에서 불리한 점이었습니다.

화력 부족으로 적기를 격추하기 위해
집중된 사격을 가해야 했지요.

반면 Bf 109는 2정의 MG 17 기관총과
2문의 MG FF 20mm 기관포를 장비하여

기총과 기관포의 방아쇠는 분리되어 있었기에

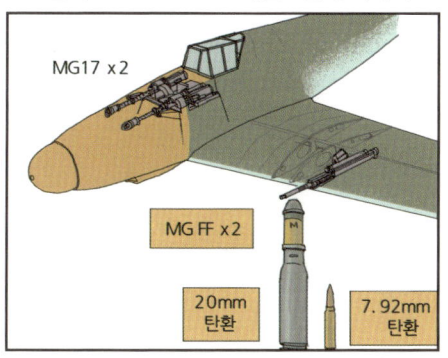

화력에서 영국군에게 우세를 점했습니다.

효과적으로 교전을 이어갈 수 있었지요.

200m 거리에서 알루미늄 판에
.303 탄환을 발사하면

반면 20mm 고폭탄은 주먹 만한 구멍을
내며 내부를 찢어발겼습니다.

동전만한 구멍이 남을 것입니다.

영국군 파일럿은 불운한 동료의 콕핏이
통째로 폭발하는 것을 봤다고 증언했습니다.

그러나 영국군은 레이더 관제와
홈 그라운드의 이점을 가지고 있었고

결국 종합적으로 영국 본토 항공전은
파일럿 간의 기량의 싸움이었습니다.

독일군은 폭격기를 호위해야 했기에
불리한 상황에서 싸워야 했습니다.

이는 곧 소모전이 되었다는 뜻이지요,

홈 그라운드의 이점을 가진
영국군에게 유리한 싸움입니다.

루프트바페는 많은 숙련된 파일럿을
잃었고 이런 손실률로는 싸울 수 없었습니다.

"배틀 오브 브리튼 데이"로
불리는 최후의 대규모 공습 이후 (1940.9.15)

점차 영국 공습은 줄어들었습니다.

바다사자 작전 또한 제공권 확보에
실패함에 따라서 취소되었습니다.

독일 신문들은 불타는 런던의 사진과
몇 대의 적기가 격추되었는지를 보도했지만

이것이 히틀러의 첫 번째 패배였습니다.

영국 본토 항공전 (하)

독일군 정보부의 무능은 독재체제의 시스템적 문제였습니다. 아무리 히틀러가 강력한 권력을 가졌다고 해도 혼자서 국가의 모든 것을 통치할 수는 없습니다. 어쩔 수 없이 조직에 권력을 위임해야 합니다. 히틀러는 친위대 같은 제3의 조직을 창설해 한 가지 업무를 두 조직이 하도록 쪼개고, 조직 간의 상호 견제로 균형을 이루며 총통을 향한 충성 경쟁을 벌이게 했습니다. 히틀러에게 이런 조직 간의 견제와 비효율성은 권력 유지에 필수적인 것이었습니다.

덕분에 독일의 각 조직에서 난립한 여러 정보 기관은 서로를 경쟁자로 여기며 정보를 공유하지 않았습니다. 모든 정보가 종합되는 곳은 총통의 집무실뿐이었고, 히틀러는 불리한 보고를 좋아하지 않았습니다. 이는 히틀러의 가장 총애받는 개가 되기 위한 정보기관들의 노력으로 이어져 정보의 객관성을 점차 훼손시켰습니다.

루프트바페 정보부의 책임자 요제프 슈미트는 맥주 홀 반란*부터 나치와 함께한 골수 나치로서 정치적으로 안정적인 입지를 가지고 있었지만, 항공기에 대해서는 잘 모르는 정치 군인에 가까운 인물이었습니다. 그는 능력이 아니라 자신에게 순종적인 인물로 조직을 구성했습니다. 결정적으로 그는 출세를 위해 괴링이 듣고 싶어 하는 정보를 선택적으로 전달했습니다. 게다가 스터디 블루로 불리던 독일의 영국 공군에 대한 첩보 보고

---

* 또는 뮌헨 폭동. 1923년 11월 바이에른 자유주에서 극우 국민주의 단체들의 연합체인 독일투쟁동맹이 일으킨 미수로 끝난 반란

서는 영국 서점에서 구할 수 있는 지도와 신문 기사와 칼럼 등을 기반으로 작성되었습니다. 결론적으로는 영국 공군을 완전히 과소평가하게 되었습니다.

이런 정보력 부족은 영국 본토 항공전에서 패배의 가장 큰 원인이 되었습니다. '독수리의 날' 작전** 이후 요제프의 보고서에는 영국에 이제 단 300여 기의 전투기만 남았다고 보고되었습니다. 실제로는 전투기 653기가 남아 있었죠.

영국 본토 항공전이 끝나고 영국과 미국은 본격적으로 항공기 생산량 증대에 박차를 가했습니다. 항공기를 3배 더 많은 투입했음에도 실패한 독일의 사례를 통해서 공군력으로 방공망이 작동하는 적을 압도하려면 기존 예상보다 더 많은 항공기가 필요다는 것을 깨달았기 때문입니다.

** 제2차 세계대전 초기 영국 본토 항공전에서 영국 공군에게 독일 공군이 참패한 1940년에 있었던 공중전

독일의 영국 본토 항공전 패배 이후

서부전선은 교착 상태에 빠졌고

영국인들은 미국의 공장에서 쏟아져 나오는

군수물자로 빠르게 무장하고 있었습니다.

시간은 독일의 편이 아니었고

유럽의 점령지 방어를 위해 독일에게는
더 많은 자원이 필요했습니다.

13화
동부전선의 항공전

불가침 조약을 맺고 있는 소련과의 관계는 외줄 타기나 다름없었습니다.

유럽의 패자들과 소련의 관계는 역사적으로도 썩 좋지 않았지요.

결국 히틀러의 강력한 의지로 전격적인 소련 침공이 결정되었고,

기갑 부대와 기계화보병사단을 첨병으로 동방으로의 공격이 시작됐습니다.

러시아는 대부분이 광활한 평지로 이루어진 국토 때문에

지리적인 방어선을 얻기 위해서 끊임없이 영토를 확장해야 했습니다.

결과적으로 세계에서 가장 거대한 국가가 된 소련은, 긴 국경선을 지키기 위해서

어떤 국가보다 공군의 중요성이 강한 나라가 되었습니다.

대숙청으로 인한 낮은 숙련도의 소련 공군은

이미 숙련된 베테랑들인
루프트바페를 당해낼 수 없었습니다.

전투기들이 필사적으로
도시의 제공권을 지키는 동안

폭격기들은 호위기 없이 독일군 진영으로 날아가
독일군의 진격을 지연시키려고 노력했습니다.

스탈린의 목표는 소련의 산업 시설들을
루프트바페 폭격기들의

손이 닿지 않는 우랄산맥 너머로
후퇴시키는 것이었습니다.

광활한 영토가 소련의 가장 큰
방패가 되어 주었습니다.

독일군은 1800km 너머 1300km 면적의
전선에 보급품을 전달해야 했습니다.

겨울이 다가오자 독일군의 동절기 준비가 턱없이 부족했다는 것이 드러나며

동계 장비 수송 물류 재앙이 일어났습니다.

그리고 이런 독일군의 보급선을 끈질기게 괴롭혔던 IL-2가 있었습니다.

스탈린이 소련군의 빵과 공기와 같다고 말한 소련 공군의 상징과 같은 항공기이지요.

IL-2는 지상공격기로써 적의 지상군을 공격하기 위해 설계되었고.

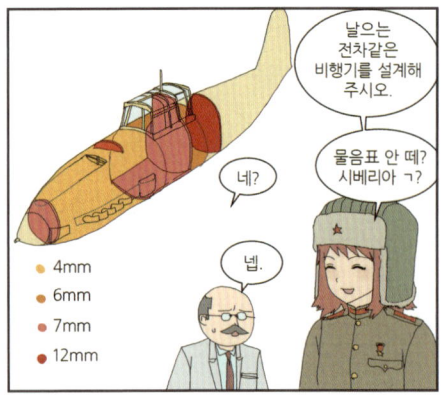

욕조처럼 조종석을 둘러싼 장갑은 지상의 소구경 대공포를 튕겨냈습니다.

장갑으로 인해서 폭장량이 줄고 속도가 느렸지만 생산성이 높게 설계된 IL-2는 대량 생산됐고,

느린 속도는 저공을 배회하는 공격기로서의 임무에 지장이 없었습니다.

결국 독일군 전차들의 대다수가
수리할 부속이 없거나 연료, 탄약의 부족으로

서부전선에서 연합국의 공격이 시작되자
동부전선의 루프트바페는 전력이 줄어들어

자폭되거나 버려졌습니다.

스탈린그라드 전투부터는 소련 공군이
제공권을 차지하기 시작했습니다.

동부전선에서의 또 다른 임무는
포위된 병력에게 보급품을
수송하는 것이었습니다.

레닌그라드 공방전에서 소련군은 항공기로
하루 150톤의 보급품을
포위된 도시로 수송했습니다.

소련군과 독일군 양측 모두
포위된 병력에게 항공보급을 시도했습니다.

300만 명의 시민과 50만 명의 병력에게
충분한 양은 아니었지만
도움이 되었다는 것은 분명합니다.

데미얀스크 포위전에서 항공보급은
포위된 10만 명의 독일군의 항전을 도왔습니다.

비행장 두 곳에서 하루에 300톤의
식량과 탄약, 의약품과 부상자를 수송했습니다.

루프트바페는 총 33,086회 출격하여
보급품 64,880톤을 수송하고

부상자 35,400명을 후송하여 독일군은
포위된 상태로 전투를 이어갈 수 있었습니다.

그러나 작전 중 루프트바페는
106기의 Ju-52와 17기의 He 111을 잃었습니다.

독일군은 평균적으로 1년에 500기 남짓의
수송기를 생산했기에 무시할 수 없는
피해였습니다.

불운하게도 스탈린그라드 전투에서
포위된 6군의 29만 병력에게는

동아줄과 같은 항공보급이
실패했습니다.

201

6군은 최소한 1일 650톤의 보급품을 요구했지만 루프트바페에는 충분한 수송기가 없었습니다.

하루 200여 톤으로 목표를 하향했지만 이조차 가장 상황이 좋았을 때에만 가능한 일이었지요.

그렇지 않아도 숫자가 적은 루프트바페의 수송기들은

롬멜의 아프리카 군단을 보급하기 위해 발이 묶여 있었지요.

소련군은 데미얀스크 포위전과는 다르게 전투기와 대공포를 배치하여 수송기들을 사냥했고

야전 비행장은 소련 포병들의 사거리 밖에 지어져야 했기 때문에 숫자가 적고 열악했습니다.

최후에는 야전 비행장이 소련군에게 전부 점령되어 낙하산을 통한 보급을 받았지요.

결국 6군은 서서히 굶주리고 소모되어 91,000여 명의 병사만이 포로가 되었습니다.

루프트바페의 숙제는
이제 시작됐을 뿐이었습니다.

미국이 참전하며 역사상 가장 대규모의
항공 공격이 시작되었기 때문입니다.

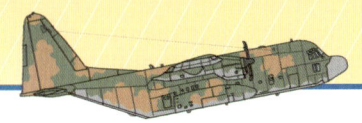

동부전선의 항공전

러시아 영토는 육상 국경선만 2만km, 해안선을 포함하면 6만km에 달합니다. 이런 거대한 영토를 지키는 데 항공기의 기동성이 필요했습니다.

이 때문에 과거 제정 러시아 시절부터 러시아는 공군을 중요하게 여겼습니다. 실제로 1차 세계대전 직전에는 세계에서 두 번째로 큰 규모의 항공대를 가지고 있었습니다. 소련이 건국된 후 레닌의 사후 지도자가 된 스탈린은 1938년 군에 대한 대대적인 숙청을 가했습니다. 소련 공군의 많은 숙련된 장교들은 대숙청에 휘말렸고, 독소전 발발 당시까지 아직 그 상처가 아물지 않았습니다.

침공의 징후가 보고되었지만, 독소 불가침 조약을 믿고 있던 스탈린은 크게 걱정하지 않았습니다. 덕분에 독일군은 개전 초기 완벽한 기습으로 소련 공군에 괴멸적인 타격을 입혔습니다. 평시처럼 새벽을 맞은 소련 공군기지의 항공기들은 무방비 상태로 말 그대로 일렬로 정렬되어 있었습니다. 이륙하기도 전에 큰 타격을 입은 소련 공군은 개전 첫날 항공기 2,500기를 잃었습니다. 기습의 혼란 속에서도 소련 공군은 가지고 있는 모든 화력으로 맞서 싸우라는 명령을 충실하게 이행했고, 서서히 루프트바페를 소모시켰습니다.

침공 후 한 달이 지난 8월 말이 되자 독일군의 전선은 서부의 북아프리카 전선에서 동부의 레닌그라드까지 이어졌습니다. 독일군은 지나치게 방대해진 전선과 보급선을 더 이상 감당할 수 없었습니다. 루프트바페는 이제 능동적인 공세 임무가 아닌, 전선에서 고착된 지상군을 지원하는 전선

소방대 임무에 투입되고 있었습니다.

　서서히 들어난 문제는 조종사 부족이었습니다. 1941년 말부터 독일의 승무원 훈련 프로그램은 전선 수요를 감당할 수 없었고 1942년부터는 최전선 부대는 훈련을 전부 이수하기 한 달 전에 항공 학교에서 승무원들을 강탈해와야 했습니다. 2월부터는 더 이상 지휘관들이 자신에게 보충될 항공기와 승무원이 정확히 얼마나 될지 알 수 없었습니다. 미숙한 파일럿들로 인해 비전투 손실 또한 크게 늘었습니다. 적에 의해 항공기 4대가 손실될 때마다 항공기 3대가 각종 사고와 숙련도 저하 같은 비전투 손실로 파괴되었습니다.

　독일은 프랑스와 베네룩스 3국을 점령하며 대규모 산업 시설과 비축되어 있던 원자재를 얻었고, 스페인과 모로코에서 텅스텐과 철광석 또한 얻었습니다. 이런 잠재력을 가지고 있었음에도 독일의 산업 생산량은 크게 증가하지 않았습니다. 프랑스에서 승리를 히틀러도 예측하지 못했듯이 점령지의 처우는 즉흥적으로 정해지는 경우가 많았습니다. 점령된 서유럽 공장의 공작 기계들과 원자재는 전리품으로서 독일로 옮겨졌습니다. 아직 8시간 1교대 근무의 낮은 생산율로 운영되던 독일 군수공장에서 여분의 공작 기계는 큰 의미가 없었습니다. 이 기계들은 그저 창고에 보관되어 있었지요. 덕분에 훗날 독일이 연합국의 폭격에 대처해 항공 산업을 독일 본토에서 점령지로 분산시킬 때 이미 붕괴된 점령지의 산업 시설들을 다시 가동시키는 일이 어려워졌지요.

그럼에도 소련의 붉은 공군이 입은 손실은 엄청났습니다. 1941년 12월까지 소련은 21,000여 대의 항공기를 잃었습니다. 결국 겨울까지 독일군의 공세를 버텨낸 소련군은 미국의 랜드리스와 우랄 산맥으로의 산업 이전 덕분에 성공으로 전력을 정비할 수 있었습니다. 1942년 8월, 독소전 최대의 격전지였던 스탈린그라드 전투부터 소련 공군은 동부전선의 제공권을 확보하기 시작했습니다.

IL-2를 부르는 또 다른 이름인 '슈트르모빅'은 러시아어로 지상 공격기라는 뜻입니다. 소련을 넘어 역사상 전 세계에서 가장 많이 생산된 군용기 모델인 만큼 '포크레인'이나 '호치키스'처럼 IL-2 또한 대표적인 공격기로서 보통명사화된 것이지요. 스페인 내전에서 공화파에 항공기를 포함한 다양한 장비를 지원했던 소련은 폭격기를 통한 폭격은 적의 지상군을 직접 타격할 만큼 정확하지 않다는 것을 깨달았습니다. 통상적인 전투기를 동원한 기총소사는 적의 전차와 참호속의 보병을 상대로 화력이 부족했으며 저공에서 대공화기에 취약했지요. 소련군은 저공으로 비행하며 적의 지상군을 정확히 타격하는 화력과 방호력을 갖춘 근접 항공 지원용으로 설계된 공격기가 필요하다는 것을 깨달았습니다.

IL-2는 동체 곳곳에 배치된 장갑판으로 승무원과 엔진을 보호하는 '강철 욕조' 설계로 기관총탄을 방호하며 '날으는 전차'라고 불렸습니다. 동부전선의 눈과 진창으로 열악한 야전 비행장에서의 이착륙에 문제없는 견고한 하부 구조와 랜딩기어가 고장난 상태로도 착륙할 수 있도록 설계된 수

납된 상태로도 타이어가 노출되어 있는 메인 기어 휠을 갖췄습니다. 무장으로는 일반적인 고폭탄은 물론, 적의 기갑 집단에 '강철의 비'를 내릴 수 있는 수백 발의 2.5kg PTAB 대전차 폭탄과 같은 다양한 항공폭탄을 크기에 따라 내부 폭탄창이나 외부 폭탄창에 장착했습니다. 또한 목표를 광역 제압하는 4~8발의 무유도 로켓을 장비했지요. 마지막으로 타입에 따라 20mm 기관포에서 37mm 기관포까지, 장갑을 갖춘 적에게도 큰 타격을 입힐 수 있는 다양한 구경의 기관포를 장비했지요.

IL-2 '슈트르모빅'

인트로

1936년 3월 17일, 피츠버그에서
홍수가 일어났습니다.

강둑을 따라 불어난 물에 건물과
공장들이 침수되었습니다.

파괴된 공장 중 한 곳이 '해밀턴 스탠다드'의
가변 피치 프로펠러용 스프링 공장이었습니다.

결과적으로는 공장 하나가 정지하자
미국의 항공 산업이 멈췄습니다.

이 사건은 맥스웰 비행장의
젊은 장교들에게 큰 영감을 주었습니다.

폭격기 마피아들은 수십만 명의 보병이 포탄을
뒤집어 쓰며 기관총 진지로 돌격하지 않아도

12명 남짓의 남자들, 이른바
'폭격기 마피아'라고 불렸던 이들입니다.

전쟁을 끝장낼 수 있는 방법이 있다고
믿었습니다.

그들의 폭격기 함대는 "해밀턴 스탠다드" 같은
공장들을 폭격할 것입니다.

거대한 폭격기는 강력한 엔진으로 대공포화가
닿지 않는 고고도에서 폭탄을 투하하며,

적국의 전투기는 예비 프로펠러가 없고,
전차는 고장난 기어박스를 수리할 수 없습니다.

두터운 장갑과 방어 기총으로
적의 전투기를 무시합니다.

이제 두려울 것이 없는
폭격기 함대는 주간에 출격하여

마지막 열쇠는
기계식 컴퓨터의 보정을 받는 폭격조준기입니다.

승무원들은 지상의 목표들을
확인하고 공격합니다.

더 이상 저고도로 내려가지 않아도
폭격기는 폭탄을 정확하게 투하할 것입니다.

폭격기 마피아들은 이러한 이론을 바탕으로
폭격기가 미래의 전쟁을 바꿀 것이라고 보았습니다.

1941년, 유럽의 전쟁에 더 이상 미국이
방관할 수 없다는 것이 분명해지자

그들은 맥스웰 비행장에서 배우고
토론하며 서서히 이론을 구축했습니다.

폭격기 마피아들은 9일 만에
필요한 항공기와 물자, 독일의 주요 목표물을
망라한 계획서를 만듭니다.

마침내 진주만 공습으로 미국이 참전했지만, 바로 전략 폭격이 일어나지는 않았습니다.

1943년에야 충분한 전력을 집중할 수 있었습니다.

미군은 태평양과 아프리카의 전선에 전력을 투입해야 했지요.

이들은 영국으로 떠나 제8공군을 지휘하며 독일에 대한 항공 폭격을 시작합니다.

8월 17일, 드디어 폭격기 마피아들이 구상하던 정밀 폭격 작전이 실행되었습니다.

이들이 노린 것은 슈바인푸르트의 볼 베어링 공장이었습니다.

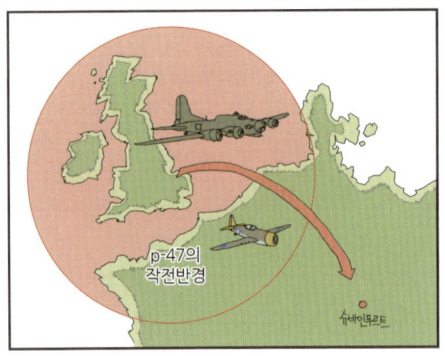

독일 영내 깊숙이 대규모 폭격기 편대를 투입하는 야심찬 작전이었지요.

볼 베어링은 거의 모든 엔진과 모터에 사용되는 정밀한 부품으로, 당대의 반도체와 같았습니다.

커티스 르메이가 이끄는 제4폭격비행단이
레겐스부르크의 메서슈미트 공장을

공격하는 조공*을 맡아 루프트바페의
전투기들을 분산시킬 것입니다.

르메이의 조공이 의도적으로
먼 거리를 비행하는 북아프리카로 귀환하며
최대한 공격을 유도했음에도

호위 전투기의 사거리 밖에서 이루어진
주간 폭격은 8공군에 큰 피해를 입혔습니다

*핵심적인 공세인 주공에 대한 적의 병력과 관심을 교란하기 위한
또 다른 공세

총 376기의 B-17 중 60기가 격추되고,
176기가 손상을 입었습니다.

이는 도저히 감당할 수 없는 손실률이었습니다.

지구의 자전을 포함한 64가지 변수를
계산한다는 노든 조준기는

유럽의 변덕스러운 날씨와 대공포화
아래서 명중률이 크게 낮아졌고,

공장을 파괴하는 것은 한 가지 품목의
생산을 막을 것이지만,

거주지 한 블록을 파괴하면 그들이 일하던
수많은 공장이 노동자 부족에 시달릴 것입니다.

영국군은 또한 미군과 달리
야간 폭격을 선호하였습니다.

영국군에게는 장거리 호위기가 없었고,
지역 폭격의 임무 특성상 목표를 직접 확인할
필요가 적었습니다.

어두운 밤에 정확히 폭탄을 투하하기 위해,
전파 항법장치나 레이더 등을 장비한 선도기가

발광하는 표적 표시기를 목표물에 투하해
조준을 도왔습니다.

영국군 수뇌부와 처칠은 독일이
먼저 바르샤바와 로테르담을 폭격한 것과

1차 세계대전 시 독일의 영국 폭격,
스페인 내전의 참상까지 경험하고는
폭격에 거부감이 없었지요.

과학자들은 영국 본토 항공전에서
폭격을 당했던 영국의 도시들을 조사하며

도시를 효율적으로 파괴하는 법을
연구하였습니다.

그리고 독일의 각 지방의
건축 양식들을 분석하여

어떤 도시가 가장 폭격에 취약하고
영양가 높은 타깃인지 정리하였지요.

불길에 산소를 공급하기 위해
건물의 지붕과 벽을 파괴하는 고폭탄,

최적의 방화를 위해 계산한 2.5제곱킬로미터당
25,000발의 4파운드 소이탄을 준비했고

민방위와 소방대원의 화재 진압을
방해하기 위해

지연신관 소이탄과 대인용 고폭탄
또한 섞어서 투하했습니다.

건조하고 적당한 바람이 불었던
1943년 7월 27일 밤,

5제곱킬로미터의 면적에 소이탄 1,200톤이
집중 투하되어 불폭풍을 일으켰습니다.

폭격기 사령부는 항공기 729대를 동원하여
함부르크에 폭탄 2,326톤을 퍼부었습니다.

불폭풍은 산소를 미친듯이 빨아들이며
건물을 붕괴시키고 사람들을 빨아들였습니다.

방공호와 지하실에 숨어 있던
사람들 또한 산소 부족으로 질식사했습니다.

"고모라 작전"은 8월 3일을 끝으로 종료되었고,
총 37,000여 명이 사망했습니다.

함부르크는 거대한 풀무와 화덕 같이
변했습니다.

900,000명이 도시에서 피난했고,
주택의 61%가 파괴되었습니다.

미군의 "정밀 폭격" 정책 또한 민간인 거주지 인근의 군사 시설, 교통 시설에 대한 폭격을 실시했기에

정밀도의 한계로 민간인에 대한 피해가 없을 수 없었습니다.

전략 폭격의 효용성 문제는 유명한 딜레마인 트롤리 문제를 연상시킵니다.

도덕적인 문제는 관점에 따라서 많은 논쟁이 있지요.

그러나 전략 폭격의 성패를 논하자면, 통상의 전투와 같이 결과가 명확하지 않습니다.

몇 채의 건물을 부쉈는지 따위의 통계만으로는 성공이 정해지지 않았습니다.

특정한 전선이 없는 항공 작전이기에 눈에 보이는 지표가 적었습니다.

연합군은 항공 사진과 스파이를 통해 폭격의 효과를 짐작할 뿐이었습니다.

그래서 전후 연합국은 정말로 전략 폭격이
독일의 산업과 경제를 파괴했는지,

독일 국민의 사기에는 어떤 영향을
미쳤는지 조사를 실시했습니다.

폭격 전쟁

전쟁에 처음 등장한 항공기는 정찰기와 폭격기였습니다. 전투기들은 정찰기와 폭격기를 몰아내기 위해서 그 이후에 등장했지요. 그 명칭과 날렵한 생김새와 달리 전투기는 사실 방어적인 성격이 강한 병기입니다. 반면에 폭격기는 철저히 공격만을 위해서 탄생한 병기이지요.

무거운 폭탄을 싣고 적국까지 장거리를 날아야 하는 특성상 엔진 여럿을 장착한 대형 기체가 필요했습니다. 단좌전투기는 엔진 하나와 조종사 한 명이 필요한 반면, 중폭격기 한 대에는 엔진 4개와 승무원* 10여 명이 필요했습니다. 대형 엔진 4기는 장거리 비행에서 막대한 연료를 소모했지요. 전략폭격기는 풍부한 자원과 산업 생산력, 승무원의 안정적인 양성이 뒷받침되지 않으면 운용이 불가능한 병기였습니다.

2차 세계대전에서 중폭격기를 대량으로 운용할 수 있었던 국가는 미국과 영국뿐이었습니다. 두 국가 모두 전화에 휩싸인 유럽 대륙과 분리된 지리적인 조건 덕분에 장비의 생산과 인력의 배치에 여유가 있었지요. 반면 전선을 맞대고 일진일퇴를 벌이던 독일과 소련은 그러한 사치스러운 기체를 생산할 여유가 없었습니다. 특히 독일은 전쟁 후기로 갈수록 폭격기 생산을 점점 줄이고 전투기 생산에 집중했지요.

손무는 손자병법에서는 "적의 식량 1종은 우리의 20종에 해당하고, 사료 1석은 우리의 20석에 해당한다"라고 말했습니다. 그만큼 적의 보급품을 파괴하는 것이 전략적으로 큰 이익이라는 뜻이지요. 배가 고픈 병사는

---

* 조종사, 부조종사, 항법사, 무전수, 폭격수, 기총사수 등

움직이지 못하고, 활 없는 화살은 무용지물입니다.

발전된 기술로 군대가 무장할수록 보급 체계는 복잡해졌습니다. 냉병기 시대의 군대에 필요한 보급품은 주로 식량과 물이었고, 그 밖에 소모품들도 현지에서 조달하거나 약탈로 대체할 수가 있었지요. 그에 비해 현대화된 군에 필요한 보급품은 종류가 늘었을 뿐만 아니라 원자재의 조달부터 운송 및 가공과 완성품에 이르기까지 매우 복잡하고 섬세한 산업 시스템을 여러 단계 거쳐서 만들어집니다. 흥미롭게도 이런 산업의 고리에는 대체가 불가능한 '약한 고리'가 있었습니다. 그 예를 단적으로 보여주는 사례가 미국에서 일어났지요. 홍수로 미국에서 가변 피치 프로펠러용 스프링을 제조하던 유일한 공장인 '해밀턴 스탠다드'가 멈췄을 때 미국 전체의 항공 산업이 정지하는 일이 벌어진 겁니다.

일명 폭격기 마피아로 불린 미 육군 항공대의 젊은 장교들은 1차 세계대전과 같은 소모전의 대량살상을 끝낼 유일한 방법이 전략 폭격, 즉 '고고도 정밀 폭격'뿐이라고 믿었습니다. 고고도 정밀 폭격의 이론은 다음과 같습니다. 강력한 엔진을 장착한 현대적인 폭격기가 고고도로 상승해 적의 전투기와 대공포의 위협보다 빠르고 높게 날 수 있다면, 더 이상 안전을 고려해 야간에만 폭격을 실시할 필요가 없게 됩니다. 마지막으로 정밀한 폭격 조준경을 통해 주간에 목표물을 정밀하게 조준해 폭격할 수 있다면, 적의 약한 산업 고리들을 정확히 절단해 결과적으로는 국가라는 거대한 전쟁 기계를 최소한의 희생으로 고장내고, 전쟁을 끝낼 수 있다고 생각했지요.

B-17 '플라잉 포트리스'

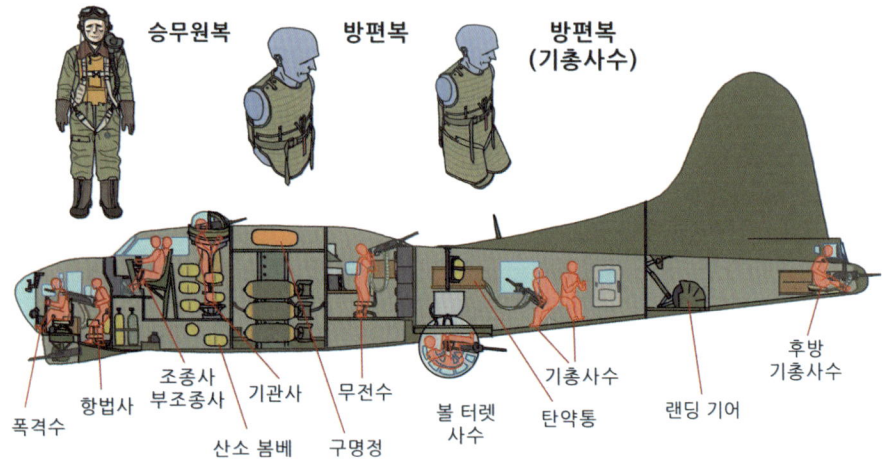

1934년 8월, 미 육군 항공대는 B-10을 대체할 다중 엔진 폭격기 사업을 시작했습니다.

보잉 사가 제안한 '모델 299'는 850마력 엔진 4개를 장착하고 2톤이 넘는 폭탄을 폭탄창에 적재한 채로 3000km 이상을 비행했습니다. B-10의 거의 세 배에 달하는 15톤에 이르는 무게와 다른 업체의 모델의 두 배가 넘는 항속거리와 폭장량, 기체를 전 방향에서 사각 없이 엄호하는 기관총좌는 '날으는 요새'라는 별명에 부족함이 없었습니다. 육군 항공대는 전대미문의 이 거대한 고가의 폭격기를 도입하기 위해서 생소한 '전략 폭격'

같은 개념 대신 미국의 거대한 해안선을 방어하기 위한 장거리 정찰기이자 해안포대가 될 것이라는 명분으로 의회를 설득했습니다. 이렇게 미군에 도입된 보잉 '모델 299'는 'B-17'이라는 제식 명칭을 받게 되었습니다. B-17은 주로 유럽 전선에서 나치 독일을 상대로 활약하며 2차 세계대전 중 가장 많은 폭탄을 투하한 항공기로서 역사에 남았습니다.

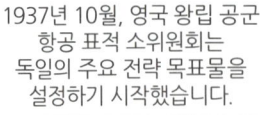

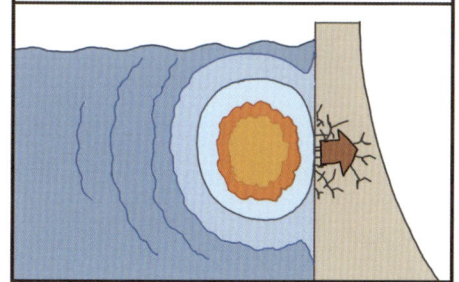
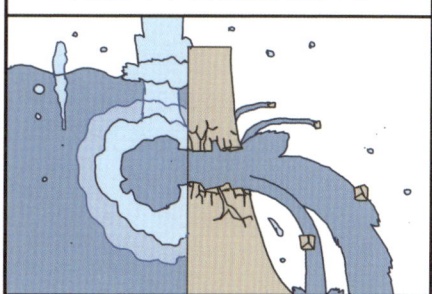

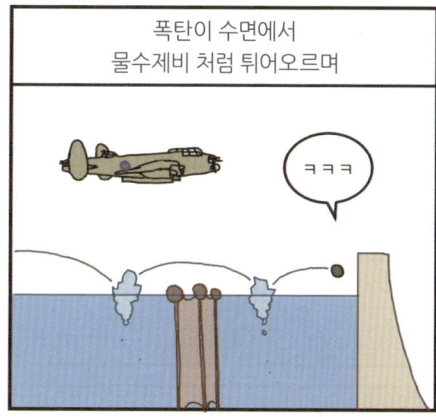

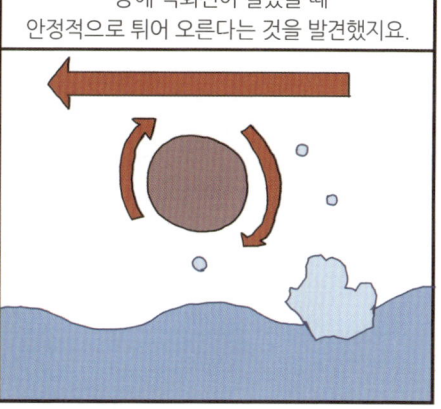

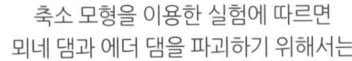

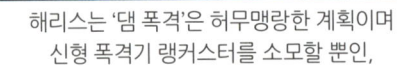

마침내 1943년 2월 15일, 신형 폭탄을 이용한 댐 공격 작전 '체스타이스'가 입안되었습니다.

아서 해리스는 자신의 폭격기와 부하들이 허황된 작전에 투입되는 것이 마땅치 않았지만, 마지못해 동의했습니다.

애효

5개의 댐을 파괴하기 위해 30기의 랭커스터 폭격기의 개조가 시작되었습니다.

폭탄창이 제거되고 폭탄의 역회전을 위한 유압 모터와

폭탄을 고정하는 v자형 캘리퍼 암이 설치되었지요.

육안으로 목표물을 조준해야 했기 때문입니다.

체스타이즈 작전을 위해 숙련된 승무원들로 선발된 617 비행대는 4월부터 엄격한 훈련을 시작했습니다.

주간 훈련에는 야간 작전을 모사하기 위해 특수 고글을 쓰고

창은 파란색 셀룰로이드로 덮었지요.

독일군의 레이더와 대공포에 노출을 최소화하기 위해서

50m 수준의 저공 비행을 연습해야했습니다.

훈련이 끝나면 기체에 나뭇가지가 박혀있곤 했습니다.

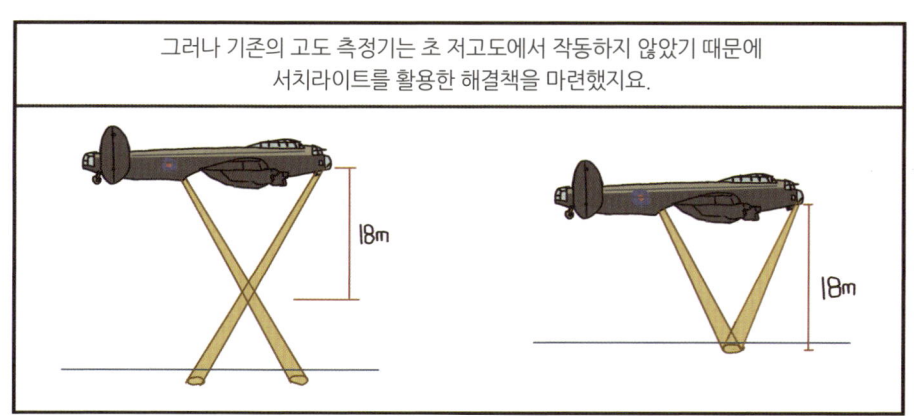

깁슨은 재빨리 스틱을 당기며 댐 위를 스치듯이 지나쳤고.

폭탄은 수면을 가르며 세 번을 튀어오른 후 가라앉았습니다.

이윽고 폭탄이 수심 9m에 달하자 뇌관이 작동하며 거대한 물보라를 일으켰습니다.

대형을 이루고 선회하던 승무원들은 함성을 질렀지요.

그러나 깁슨의 폭탄은 너무 일찍 투하되었습니다.

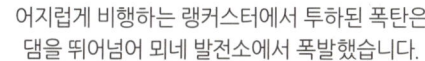

댐 버스터

　독일의 루르 지역의 댐들을 파괴하는 '채스타이즈' 작전은 일명 '댐 버스터'로 불리며 영화와 게임을 비롯한 다양한 미디어에서 다뤄지며 오늘날까지 그 명성을 떨치고 있습니다. 영국군은 북아프리카 전선에서 승리를 거두기는 했지만, 수백만 명이 격돌하고 있던 동부전선에 비하면 영국의 전쟁 기여도는 낮은 것으로 보였습니다. 독일 해군은 비스마르크의 침몰 이후로 주력 함대를 항구에 보존시킨 채, 유보트를 이용한 통상파괴에 전념해 영국 해군은 크게 활약할 기회가 없었지요, 결국 노르망디 상륙작전 이전까지는 유럽대륙에 교두보가 없었던 영국은 전쟁에서 공군에 크게 의지하고 있었습니다.

　스포츠에서 수비수 또한 승리에 큰 기여를 하지만 역시 가장 큰 인기를 끄는 것은 언제나 득점을 하는 공격수입니다. 전쟁에서도 비슷한 현상이 일어났지요. 유보트를 물리치는 영국 해군과 북아프리카를 침략한 독일군을 패퇴시킨 영국군의 전과 또한 훌륭했지만, 영국 공군은 실질적인 군사적 성과 외로도 영국인들에게 영국이 독일을 공격하고 있다는 심리적인 선전효과를 주었습니다.

　BBC 뉴스는 폭격기 사령부의 전과를 시작으로 보도를 이어가곤 했지요. 그러나 어느 지역의 공장을 폭격했다느니, 어느 도시를 파괴했다느니 하는 소식에 영국인들은 점점 둔감해지기 시작했습니다. 폭탄을 아무리 퍼부어도 정작 지도에서 나치 독일의 점령지는 줄어들지 않았습니다. 느껴지는 효용감이 없어지기 시작한 겁니다. 그런 상황에서 실행된 채스타이즈 작전은 영국 국민들에게 큰 지지를 얻었습니다.

뇌격기가 어뢰를 투하할 때보다 낮은 고도인 18m에서 거대한 4발 중폭격기를, 그것도 한밤중에 스포트라이트를 켠 채 대공포를 향해 일직선으로 조종한 영국 공군 장병들의 용기는 마치 과거 총탄에 물러서지 않던 대영제국의 전열보병 '레드 코트'와 같았습니다. 파괴된 댐이 일으킨 홍수에 쓸려나가는 루르 계곡은 성서의 신의 징벌을 연상시켰지요.

그러나 영국 공군의 판단으로는 댐 공격은 더 이상의 자원을 투입할 만큼 매력적이지 않았습니다, 저수지의 수위가 낮아지며 홍수 피해는 금방 복구되었으며, 공장은 물과 전력의 부족으로 몇 주간 정지되었을 뿐이었습니다. 파괴된 두 댐은 18주간의 수리 끝에 복구되었습니다. 폭격기 사령부는 다음 임무를 위해 617항공대를 유지했지만, 독일군은 이제 댐에 중구경 대공포와 서치라이트, 방공 풍선을 설치하여 영국군의 또 다른 댐 공습에 대비했습니다. 또 다른 '채스타이즈 작전'은 사실상 불가능해졌습니다.

채스타이즈 작전의 사상자는 적지 않았습니다. 댐 붕괴로 인한 홍수로 1300여 명의 민간인이 사망했습니다. 이들 중에는 전쟁포로와 외국인 강제 노동자가 다수 포함되어 있었습니다. 폭격기 사령부는 랭커스터 8기를 잃었습니다. 617항공대 133명의 승무원 중 53명이 사망하고 3명은 포로가 되었습니다. 오늘날 뫼네 댐에는 전쟁으로 인한 사망자들을 기리며 평화를 기원하는 기념비가 세워져 있습니다.

인트로

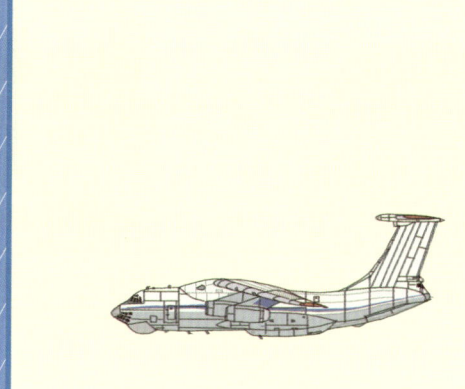

16화
폭탄 아래에서...

1945년 4월 30일 히틀러는 카를 되니츠에게
전권을 위임하고 자살했고

독일에 대한 전략 폭격을 지휘했던
연합국 지휘관들은

5월 8일, 나치 독일은 연합국에 항복했습니다.

폭격이 독일에 미친 피해를 조사하기 위해
독일로 떠났습니다.

미군 지휘관들은 항공기와 지프를 오가며
폐허가 된 독일의 도시들을 시찰했습니다.

시민들은 거리를 치우고 다시
직업을 구하기 위해 바쁘게 움직였습니다.

놀라운 점은 독일 시민들이
여전히 생활을 이어가는 모습이었습니다.

어떤 이들은 쾌활해 보이기까지 했지요.

4년간의 연합국의 주야간 폭격 아래에서도
독일의 산업 생산과 식량 공급은

독일의 군수물자 생산은 줄어들기는 커녕
오히려 1944년까지 증가했습니다.

전선이 붕괴하는 마지막 몇 주 전까지도
꾸준히 이루어지고 있었던 것입니다.

문제는 생산률이 아닌 전선에서의
막대한 장비의 손실률이었습니다.

독일의 산업단지는 전통적으로
루르-라인란트 지방에 집중되어 있었지만

그리고 폭격이 시작되자 독일은 공장을 더 작게
쪼개고 분산시키는 것으로 대응했지요.

1938년 체코 합병으로 시작된 영토 확장은
동쪽으로 산업 시설들을 이전시켰습니다.

한 예로 슈바인푸르트의 볼 베어링 공장은
1년 만에 49개의 공장으로 나뉘어졌습니다.

이정표가 될 수 있는 랜드마크는
철저히 위장되거나 옮겨졌습니다.

주요 도로는 캐노피를 씌워 숲으로 위장했고,
가짜 도로들을 만들었습니다.

공습을 받은 공장들은 지붕을 수리하지 않고
검은 덮개를 씌웠으며

아예 공장에 위장된 손상을 그려 넣기도
하였지요.

징집으로 인해 줄어든 노동자는
민간 수요의 억제와

외국인 강제 노동자와
여성 근로자의 투입으로 해소할 수 있었습니다.

그럼에도 결국 1944년 말부터는 산업이
붕괴하며 생산력이 점점 하락하기 시작하는데,

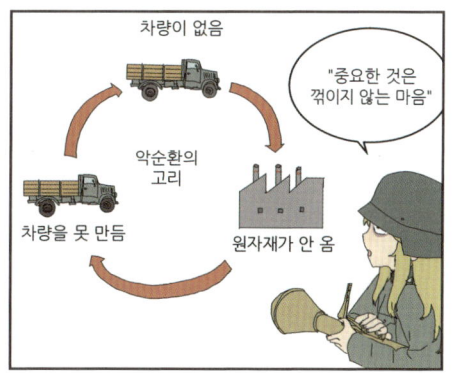

독일은 굶주린 인간이 스스로의 조직을
소화하며 버티는 것처럼 자원을 짜내어
전쟁을 이어갔습니다.

그러나 이것은 폭격으로 인한 효과는
아니었습니다. 전선의 붕괴가 주된 원인이었지요.

나치 독일의 민방위 시스템은
군사적으로 조직화되어 있었습니다.

그렇다면 전략 폭격의 또 다른 목적인 "국민의
전쟁 수행 의지를 저하시키는 것"은 어땠을까요?

민방위 조직인 제국 방공연맹의 가입자는
1942년에는 2200만 명에 달했고,

모든 독일의 세대주들은 방공실을 확보하고
비상시에 필요한 도구 등

이때 유명한 베를린 동물원 탑과 같은 거대
대공포탑들이 히틀러의 지시로 건설되었습니다.

지정된 물품들을 갖추어야 한다고
법적으로 정해졌습니다.

이러한 대공포탑은 수만 명의 시민과
도시의 문화재를 수용할 수 있도록 설계되었지요.

그럼에도 독일은 전쟁이 끝날 때까지 모든 국민에게 충분한 방공호를 갖추지 못했습니다.

유보트 기지와 대서양 방벽은
콘크리트를 미친듯이 소모했습니다.

재미있는 사실은 시민이 공습 상황에서 방공호로 대피하지 않는 것이 불법이었다는 것입니다.

모든 독일 국민은 "자기 보호의 의무"를
다해야 했습니다.

또한 독일 국민들은 "인민 공동체"로서
"확장 자기보호"를 제공할 의무가 있었습니다.

해당 구역을 담당하는 공습 소장의
지시에 따라 각종 업무를 도와야 했지요.

폭격으로 재산이 파괴된 시민은 정부에 피해를 본
품목을 작성하여 보상을 받을 수 있었습니다.

재미있는 점은 손실의 규모를 부풀리는 경우가
있었다는 점입니다.

공습과 파괴된 공장을 복구하는
기간 동안 일할 수 없게 된 노동자들에게

폭격이 장기화되며 재정 부담이 커지자,
노동자는 손실된 노동시간에 비례하여

기존 임금의 90%를 지급하기로 결정하였지만,

공습 후의 복구 작업에 의무적으로
투입되어야 했습니다.

이러한 피해 보상 정책은 유대인
탄압 정책과도 이어졌습니다.

강제 수용소에 보내진 유대인의 주택은
집을 잃은 독일 국민들에게 재분배되었습니다.

유대인 노동자와 유대인 소유 기업은
피해 보상을 청구할 수 없었고,

점령지의 노동력과 자재들 또한
독일에 최우선으로 동원되었지요.

그러나 전쟁을 유지하는 것은 더 이상 승리에 대한 희망이 아니었습니다.

그것은 베를린으로 진군하는 소련군에 대한 두려움이었습니다.

결국 유럽 전선에서의 전략 폭격은 본래의 목표를 달성하는 것에는 실패했습니다.

그러나 루프트바페를 방공 작전에 묶으면서 전선으로의 공군력의 집중을 막을 수 있었지요.

수많은 군인과 민간인들이 죽었지만, 독일은 끝까지 체제를 유지하고 전쟁을 이어가며

전체주의 정부가 얼마나 사회와 개인을 극한까지 짜낼 수 있는지를 보여주었습니다.

한편 태평양에서는 항공기로 시작해서 항공기로 끝난 진정한 항공 전쟁이 벌어졌습니다.

태평양 전선의 항공전에 대해서 알아봅니다.

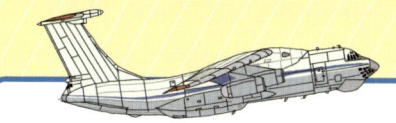

폭탄 아래에서

1944년 말, 연합국의 전략 폭격이 독일의 전쟁 수행 능력에 미친 영향을 조사하는 전략 폭격 조사 위원회가 미국에서 꾸려졌습니다. 1945년 5월에는 마침내 나치 독일이 연합국에 항복했습니다. 위원회는 이제 점령된 독일을 직접 누비고, 헤르만 괴링을 포함한 나치의 고위급 인사들을 심문하며 전략 폭격의 영향을 더 정확하게 조사할 수 있었지요. 결론부터 말하자면 전략 폭격은 본래의 목적을 달성하지는 못했습니다.

통계에 따르면 독일의 산업 생산력은 1939년에서 1944년까지 연합국의 수많은 폭탄 아래에서도 꾸준히 우상향했습니다. 1941년부터 1944년 사이의 생산량은 무려 3배 증가했으며, 전투기는 13배, 전차는 5배, 야포의 생산량은 4배로 증가했습니다.

연합국의 전략 폭격에 대응해 독일은 산업을 분산했습니다. 특히 항공기 엔진과 같은 필수 부품을 생산하는 공장은 한 곳이 파괴되어도 생산에 차질이 없도록 적어도 세 곳 이상의 장소로 분산했지요. 전통적으로 서부의 루르-라인란트 지역에 집중되어 있던 독일의 산업단지들은 1939년에는 독일의 전체 철강 생산량의 4분의 3 이상을 공급했지만 1943년에는 전체 생산량의 3분의 2 이하로 떨어졌습니다.

'도시를 폭격해 주거지를 파괴하고 노동자를 살해해 사기와 산업 역량을 떨어뜨린다'는 영국의 지역 폭격 또한 그다지 잘 작동하지 않았습니다. 폭격으로 주택이 완전히 붕괴되는 경우는 적은 편이었습니다. 손상된 주택들은 안전성 검사에 합격하면 판자와 슬레이트로 지붕을 수리하고, 부서진 창문을 합판으로 막아 다시 주거에 사용했습니다. 그러나 1944년부터 시작된 연합국의 강력한 폭격은 독일의 수리 역량을 뛰어넘었고 수많은 독일인을 난민으로 만들었습니다. 그러나 이런 고통은 오히려 자신을 유일하게 도울 수 있는 국가에 국민들을 더욱 결속시키기도 했습니다.

노동자들의 사기 문제는 어땠을까요? 총력전 체제 아래에서도 독일 국민의 강제 노동은 없었습니다. 나치 수뇌부에서 강제 노동은 고려되었지만 생산의 효율성을 오히려 떨어뜨린다는 판단으로 실행으로 옮겨지지 않았습니다. 어째서 독일 노동자들은 폭격기 함대의 명백한 목표물인 군수공장에 스스로 남아 끝까지 일했던 것일까요?

나치는 노동자에게 노조와 파업권의 불법화, 강력한 규율과 처벌과 같은 채찍과 함께 당근도 제시했습니다. 폭격으로 인한 수리 작업에 투입된 노동자는 50%의 보너스와 특별 휴가를 받았으며, 평일 초과 근무 시에는 25%, 일요일에는 50%, 공휴일에는 100%의 보너스를 지급했습니다. 여성이 일터에서 노동할 수 있도록 보육원을 세우고, 남성에게 술과 담배, 여성에게 강장제와 통조림과 연유 등을 추가 근무의 보상으로 지급했습니다. 그러나 가장 큰 동기는 당시 독일에서 군수공장보다 더 안정적인 일자리가 없었기 때문이었습니다. 게다가 대공포와 전투기들은 산업 지대에 우선적으로 배치되었고, 대규모 방공호와 소방 시설이 갖추어진 공장은 어쩌면 독일인의 대부분의 가정보다 안전한 곳이기도 했습니다.

1944년에는 여성이 독일의 전체 노동자의 35% 이상이였으며 전쟁 포로를 포함한 외국인 노동자는 37%를 차지했습니다. 아리아인의 인종적 순혈을 그토록 강조하던 나치의 사상과는 달리 외국인 노동자들의 국적은 매우 다양했습니다. 벤츠에서는 아프가니스탄인과 페루인을 포함해 31개 국가에서 온 다국적 노동자들이 일하고 있었습니다.

  미국 전략 폭격 조사 위원회의 케네스 갤브레이스는 경제적인 면에서는 전략 폭격이 독일의 산업보다 미국의 산업에 더 큰 손실을 입힌 것으로 보인다고 썼습니다. 미국이 전략 폭격에 사용한 예산은 전시 지출의 14%에 달했습니다. 전략 폭격 임무 중 영국군은 47,268명이 전사하고 8,195명이 사고사했습니다. 폭격기 승무원의 손실률은 41%에 달했습니다. 미군은 403기의 전략폭격기를 잃었고 승무원 30,099명이 사망했습니다.

  비록 본래의 목적은 달성하지 못했으나 전략 폭격의 큰 의의는 군사적인 면에서 찾을 수 있었습니다. 유럽의 제공권을 가져왔다는 것과 독일의 인력을 소모시킨 것이지요. 전략 폭격은 독일의 공군기지와 항공 산업을 집중해서 폭격하면서 루프트바페를 소모시켰고, 전투기 생산에 집중하게 된 독일군은 전선에서 더 이상 효과적인 근접항공지원을 받지 못했습니다. 1944년, 독일 방공군은 889,000명에 달했고, 전체 탄약의 1/5, 광학 장비의 1/3을 소모했습니다.

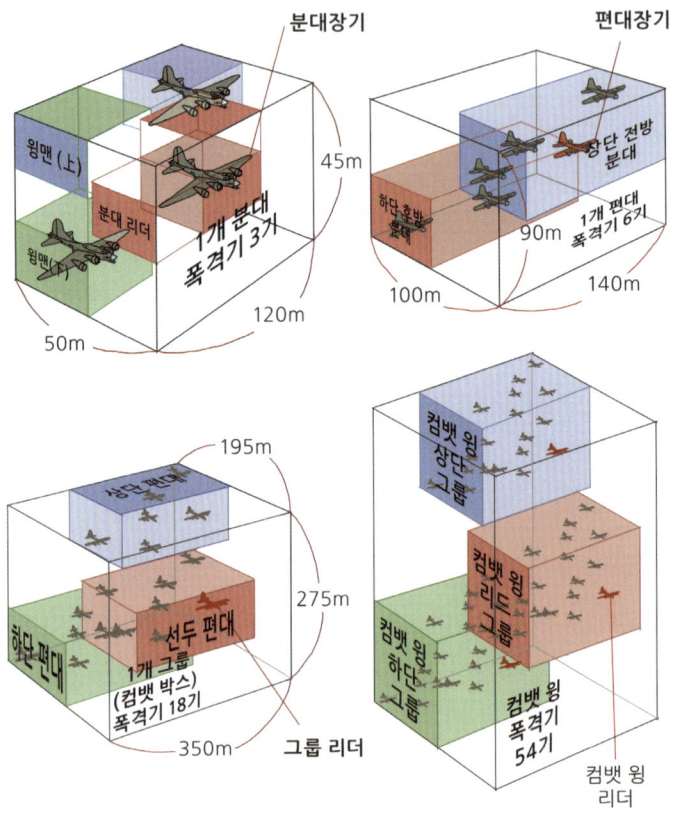

B-17은 13정의 중기관총으로 중무장했습니다. 그러나 각 기총에는 폭격기의 날개와 동체 등으로 가려지는 사각이 있었기 때문에 한쪽으로 접근하는 전투기를 한 번에 조준할 수 있는 기총의 수는 2정에서 3정에 불과했지요. 게다가 전투기는 화망이 얕은 폭격기의 정면이나 하부로 접근했기 때문에 홀로 비행하는 폭격기는 적의전투기의 먹잇감이 되기 쉬웠습니다.

따라서 폭격기의 밀집 대형인 '컴뱃 박스' 전술이 고안되었지요.

고대의 장창병 방진 팔랑크스와 같았던 이 폭격기 방진은 총 234정의 50구경 중기관총을 가지고 있었으며 더 큰 대형인 '컴뱃 윙'은 무려 702문에 달했습니다. 전투기는 어느 방향으로 접근해도 수십문의 중기관총의 화망을 뒤집어 써야 했지요. 그러나 이러한 밀집 대형은 대공 포화에 취약했으며 독일군전투기들은 누 떼를 사냥하는 사자처럼 외곽의 B-17들을 차례로 공격했습니다. 결국 독일군 방공망에 큰 피해를 입었던 슈바인푸르트 볼 베어링 공장 공습 이후로 미군은 폭격기가 단독으로 투입되는 컴뱃 윙 전술을 폐기하고 호위 전투기의 엄호를 받는 36기의 폭격기가 더 좁은 방진을 이루도록 했지요.

인트로

군대는 생산적인 조직이 아닙니다.

기존의 병력을 그저 유지하는 것조차
막대한 자원을 소모합니다.

때문에 체급에 맞지 않는 군을 가진
군국주의 국가들은 모순을 가질 수밖에 없습니다.

적자만 내는 커다란 조직을 유지하려면 꾸준히
적과 전쟁이라는 명분이 필요합니다.

때문에 군국주의 국가의 이런 딜레마의 돌파구는 "따서 갚기" 입니다.

일본 제국은 청일전쟁에서 승리해 막대한 전쟁 보상금을 받아 경제적으로 큰 이득을 보았습니다.

전쟁에서 승리하여 전비를 상회하는 이윤을 창출하는 것이지요.

군국주의 시스템은 잘 작동한다는 것처럼 보였습니다.

그 후 러일전쟁에서 중일전쟁까지, 일본 제국의 전비는 기하급수적으로 늘어갔습니다.

태평양 전쟁 또한 비슷한 구조에서 시작되었습니다.

마치 도박사가 점점 판돈을 늘리는 것과 같았지요.

미국의 석유 금수조치로 더 이상 일본은 중국에서의 전쟁을 유지할 수 없게 되었습니다.

일본에는 1년 6개월 분의 비축유만이 남아 있는 상황이었습니다.

육군은 중국과의 전쟁에 소모한 전비와 병력을 물거품으로 만들 수 없었고,

함선이 움직이지 못하면 존재 의의가 부정되는 해군 또한 굉장히 난처해 했지요.

결국 일본은 집으로 돌아가는 대신 미국과의 전쟁을 선택했습니다.

당시 열강의 해군들은 1922년 체결된 워싱턴 해군 군축 조약에 의해

각국의 체급에 맞게 함대의 규모가 제한되어 있었습니다.

조약에 따르면 일본 해군은 미국의 60% 규모의 함대를 보유할 수 있었지요.

미국과의 국력의 차이에 비하면 오히려 일본 해군에게 유리한 싸움이 된 것입니다.

때문에 단기 결전으로
미해군에 큰 타격을 입힌 후,

남방으로 진출하여 석유, 고무, 광물 등의
필수적인 자원을 획득하고,

이후에는 그 자원을 바탕으로
방비를 굳혀 전선을 사수하며

결국 전쟁에 지친 미국과 협상을 통해서
전쟁을 끝내겠다는 전쟁 계획이 입안됩니다.

그러나 계획상 가장 중요한 초전에
미해군에게 큰 타격을 가하는 "선제 공격"이

어떻게 이루어져야 하는지
수뇌부에서는 갑론을박이 이어졌습니다.

전통적으로 그동안의 해전은 양측 함선의
함포와 어뢰를 통한 공격으로 이뤄졌습니다.

그렇기에 더 큰 함선, 더 두꺼운 장갑과 더
대구경의 함포를 가진 쪽이 유리하다고 여겼지요.

그러나 태평양의 요새, 진주만을
수상함 함대로 기습한다는 것은 불가능합니다.

대규모 함대는 레이더와 초계기에 조기에
포착되어 기습의 효과가 없어질 것이 뻔했습니다.

그렇기에 연합함대 사령장관
야마모토 이소로쿠의 강력한 추진으로,

진주만 공격은 당시로서는 실험적이었던
항모 집단에 의한 공습으로 결정되었습니다.

일본의 해군 항공대의 역사는
1912년으로 거슬러 올라갑니다.

1차 세계대전에 참전하여 칭다오의 독일군을
수상기로 공격한 것이 첫 실전이었지요.

영국 해군에서 많은 것을 배웠던 일본군은
항공모함의 개념 또한 빠르게 받아들여

1922년에는 일본 해군 최초의
항모 호쇼를 건조했으며,

1926년에는 순양전함으로 건조 중이던
아카기가 항공모함으로 개장되며

1928년에는 일본 해군 제1항공전대가
탄생했습니다.

이어서 1929년에는 카가,
1934년에는 소류와 히류,

1941년 탈조약형인 쇼카쿠와 즈이카쿠를
건조하여 대규모의 항공전단을 구축했습니다.

해군항공대는 이미 중국에서 실전을 경험했고,

공격에는 충분한 규모를 갖췄습니다.
이제 문제는 전술이었습니다.

해군 수뇌부는 1940년,
영국의 티란토 공습을 참고하기로 결정합니다.

항모에서 출격한 영국군 뇌격기 편대가
이탈리아의 군항을 공습, 전함 3척 대파,
1척 중파의 대전과를 올렸습니다.

베를린 주재 일본 해군 무관이
직접 이탈리아로 파견되어

이탈리아군으로부터
티란토 공습의 내막을 조사했지요.

조사에 따르면 영국군 항모는
이탈리아군에게 거의 완벽한 기습을 성공했으며,

전함의 대공포화는 쇄도하는 뇌격기들에게
효과적이지 않았다는 것입니다.

이러한 티란토 공습의 전훈은
야마모토 이소로쿠를 필두로 한

"항공주병론자"들이 구상한 진주만 공격에
큰 도움이 되었지요.

이투루프섬에서 하와이 근해까지의
거리는 왕복하면 1만 1,440km,

제1항공함대는 제일 항속거리가 짧은
소류와 히류가 항속거리 1만 4200km이므로
이론상 왕복이 가능했지만,

미군이 진주만에 방뢰망을 설치하지 않았던
이유도 이 심도 문제 때문이었습니다.

이러한 문제는 간단하지만 기발한 아이디어인
목제 탈착식 미익을 장착하며 해결되었습니다.

미군은 이 정도로 얕은 수심에서 항공어뢰의
사용은 불가능하다고 믿었습니다.

안정익이 공중에서 어뢰의 회전을 막아
어뢰의 안정성이 확보됐습니다.

1941년 9월부터
항공대의 훈련이 개시되었습니다.

1941년 12월 7일,
진주만 공습이 시작되었습니다.

진주만과 동일한 수심 12미터의 가고시마만에서
정박한 표적함에 훈련을 실시했지요.

06시에 발함한 183기의 1차 공격대는
07시 35분 오아후섬 북단에 도착했습니다.

작전 계획상으로 미군의 방어태세가 전무한 상황에서의 공격인 "기습"

미군의 대공포화나 전투기 등의 방어가 이루어지는 상황의 "강습"의 시나리오가 달랐는데,

"기습" 상황에서는 가장 대공포화에 취약한 뇌격기를 선두로 수평 폭격대가 뒤를 따르고

마지막으로 급강하 폭격대가 미군 항공기지를 공습하는 것이었습니다.

"강습" 상황에서는 미군의 항공 세력이 최우선 목표물로써, 기습의 역순으로

급강하 폭격대가 항공 기지를 폭격하고 수평 폭격대와 뇌격대가 그 뒤를 따르게 되었지요.

그러나 선두에서 진주만의 제공권을 확보할 제로센이 기습을 알리는 신호탄을 식별하지 못해

공격대장은 차탄을 발사했고, 공격대가 이를 "강습" 신호로 인지하게 되었습니다.

이러한 신호는 약간의 혼선을 빚었지만 완벽한 기습이었기 때문에 큰 차질은 없었습니다.

07시 53분, 공격대장은 기습 성공을 알리는 "토라 토라 토라"를 발신합니다.

이윽고 55분에는 공격대 전기체의 돌격을 의미하는 "토토토"를 발신,

급강하 폭격대의 히캄 항공기지 폭격을 시작으로 공습이 시작되었습니다.

시게하루 소좌가 지휘하는 뇌격대의 목표는 진주만의 전함 정박지, "배틀쉽 로우"의

2열의 전함 중 외곽으로 늘어선 네바다, 웨스트 버지니아, 오클라호마, 캘리포니아 였습니다.

대함 철갑폭탄으로 무장한 수평 폭격대는 뇌격이 불가능한 안쪽 열의 전함인

메릴랜드, 테네시, 애리조나를 목표로 폭격을 가했지요.

2차 공격대의 공습이 끝나고 미군 항모전단의 반격을 우려한 나구모는

진주만에 추가적인 공격을 실시하지 않고 철수했습니다.

공격은 완벽한 기습이었습니다. 미해군의
8척의 주력 전함 모두가 큰 피해를 입었습니다.

일본군은 진주만 공습을 준비하며
적의 작전에서도 전훈을 얻고,

목표였던 미해군의 태평양 전력 공백을
만들어내는 것에 성공한 것입니다.

적지의 지형과 변수를 치밀하게 계산하고
대비하는 철저한 모습을 보였습니다.

그동안은 수상함의 보조적인
역할 정도로 치부되었던 항공기를

그러나 이런 진주만에서의 치밀한 모습과
달리 전쟁이 진행될수록

대규모 해전의 주력으로
사용하는 창의적인 모습도 보였지요.

일본군 군부는 보신적이고 관성적인 판단을
남발해 전황이 악화됩니다.

무엇보다 진주만 공습의 주역이었던
항공모함이 미해군에게도
멀쩡히 남아 있었습니다.

진주만 공격

자원이 부족한 일본은 대부분 수요를 수입에 의존하고 있었습니다. 석유의 91%, 철강의 87%, 고무의 100%, 니켈의 100%를 수입하고 있었지요. 특히 석유 전체 수입의 81%를 미국에 의존하고 있었기 때문에 미국의 석유 전면 금수는 일본에 치명적이었습니다. 일본 제국은 이미 1939년부터 석유와 보크사이트, 니켈, 철광석 등을 평년 대비 수배 수입해 비축하고 있었지만, 가장 중요한 석유의 비축분은 앞으로 고작 1년 반 정도가 남아 있었을 뿐이었습니다.

자립을 목적으로 국내 석유 증산과 인조 석유의 제조를 시도했지만 군과 민간 수요를 대체하기에는 턱없이 부족했습니다. 당시 네덜란드령 인도네시아의 석유를 대체 수입하려는 시도는 이른바 미국의 'ABCD 포위망'에 네덜란드가 협조하며 불발되었습니다. 석유가 고갈된다면 군함도, 비행기도 멈추게 됩니다. 더 이상 중국에서 전쟁을 지속할 수 없었습니다. 일본의 선택지는 두 가지였습니다. 지금이라도 중국에서 철수하거나, 전 세계를 상대로 전쟁을 벌이는 것이었습니다.

일본 육군과 해군은 대미 개전에 대해서는 의견이 같았습니다. 육군은 동남아시아 방면의 중국군 보급로를 절단하기 위해 미국·영국과의 전쟁은 결국 불가피하다 생각했지요. 석유가 떨어지면 더 이상의 존재 의미가 없어지는 해군 또한 절실하기는 마찬가지입니다. 해군 스스로도 미국과 일본의 거대한 국력의 차이를 인지하고 있었지만 일본은 러일전쟁 이후부터 미국을 잠재적 적국으로 상정하고 막대한 국방비를 들여 해군을 양성해왔습니다. 1907년, 전함 8척과 순양전함 8척을 새로 건조한다는 일본 해군의 88함대 계획은 함대가 전부 완성된 후의 유지비가 국가 예산의 40%를 소모하는 과대망상적인 프로젝트였습니다. 하지만 워싱턴 해군 조약이 맺어지기 전까지 일본은 이 예산안을 승인하고 고가의 최신식 전함들을 일본의 모든 국력을 짜내어 건조했습니다. 이런 대미 결전을 위해 투자된 막대한 예산으로 해군이라는 거대한 조직이 유지되어 왔던 겁니다. 그런 해군이 미국과의 전쟁에서 도망칠 명분은 없었지요.

불과 20년 전인 1921년, 항공기가 전함에 타격을 주리라 생각하는 해군 제독은 없었습니다. 미 육군 항공대의 빌리 미첼 장군이 주도한 실험에서 전함이 공습으로 침몰했지만, 표적으로 쓰인 전함은 구식이었고, 정지해 있었으며, 대공포도 발사하지 않았습니다. 그렇기에 당시의 해군 제독들은 여전히 항공기는 큰 문제가 되지 않을 것이라고 보았습니다. 항공모함과 항공기의 역할은 함대의 가장 중요한 전력인 전함을 보호하는 것이었습니다.

그러나 1940년 11월 11일, 영국 해군이 이탈리아 군항 티란토를 공습해 전함 3척을 대파, 1척을 중파시켰습니다. 최초로 항공모함이 실전에서 군함을 격침시킨 것입니다. 일본군은 이에 베를린 주재 해군무관을 파견해 전훈을 조사했지요. 이탈리아군의 증언에 따르면 통념과는 달리 항공기를 통한 공격은 매우 성공적이었습니다. 야마모토 이소로쿠*는 이 소식을 듣고 평소부터 구상하던 진주만 공습 작전에 확신을 얻게 되었고, 계획은 탄력을 받아 3가지 안이 마련되었습니다. 1안은 진주만 650km 인근에서 급강하폭격기만으로 항공모함만을 공습하는 것이었고, 2안은 550km 인근에서의 전면 공습으로 전투기와 함상공격기와 급강하폭격기를 투입하는 겁니다. 마지막 3안은 급강하폭격기만으로 장거리 편도 공격을 실시하고 항공기는 해상 착수 후 승무원은 잠수함을 타고 귀환하는 겁니다.

  2안으로 확정된 계획은 이후로도 수정을 거쳤습니다. 뇌격은 진주만의 낮은 수심과 방뢰망으로 기술적으로 불가능했기 때문에 함상공격기를 전부 급강하폭격기로 전환하는 방안이 거론되었으나, 야마모토 이소로쿠는 강력한 화력의 뇌격은 공습에 꼭 필요하다고 주장했습니다. 해군 항공창**은 연구 끝에 목제 안정익과 자이로를 결합해 얕은 수심에서도 작동하는 항공어뢰 개발에 성공했고, 진주만 공습 계획은 뇌격기와 수평 폭격, 급강하 폭격이 모두 실시되는 전면 공격으로 확정되었습니다.

---

*   1884년 4월 4일~1943년 4월 18일. 2차 세계대전 당시 일본제국 해군 연합함대 사령장관
** 일본이 1932년 요코스카에 설치한 해군 항공기 설계·정비 공장

▼ 진주만 공습작전, 일자별 연합 함대의 함로

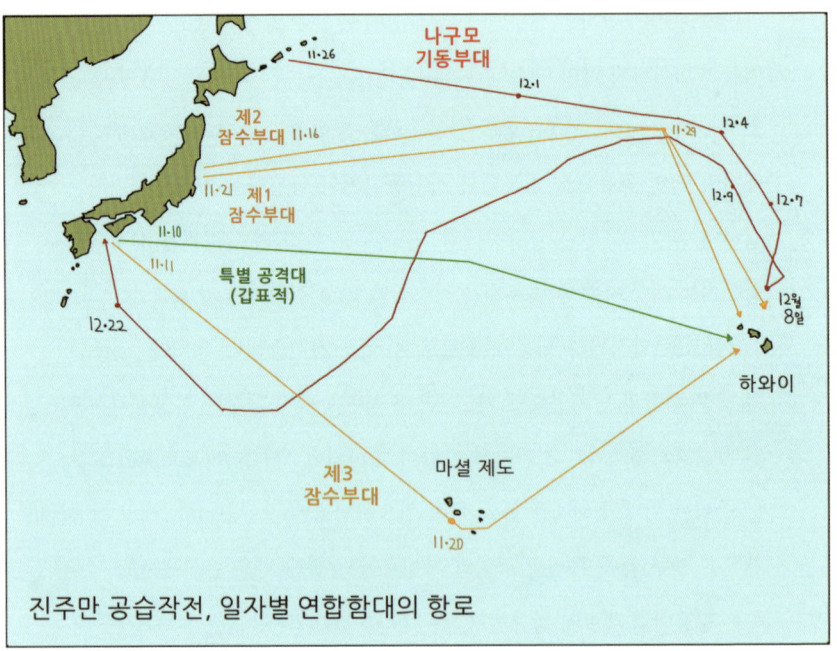

진주만 공습작전, 일자별 연합함대의 항로

　　마셜 제도 인근을 지나 하와이로 직행하는 일본에서 하와이까지의 상용 항로는 미군의 초계와 민간 상선에 발각될 위험이 크기 때문에 나구모의 기동부대는 풍랑이 심해 통행이 적었던 북위 40도의 항로로 크게 우회했습니다. 특히 태평양 고기압과 극지 저기압이 만나는 북방 항로는 11월과 12월에 기상이 더욱 좋지 않은 경우가 많아 기습에 유리할 것으로 보였지요.

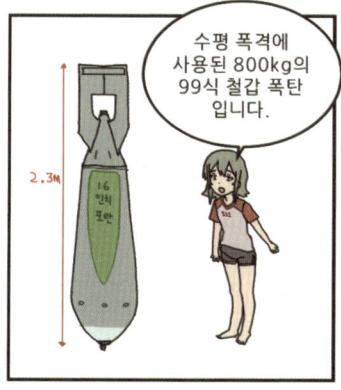

> 인
> 트
> 로

일본군은 개전과 동시에 파죽지세로
동남아시아의 거점을 확보했습니다.

이제 수입에 의존하던 자원들을 자체적으로
조달할 수 있게 되었지요.

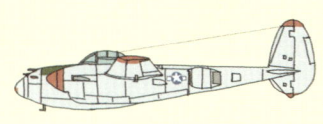

18화
미드웨이 해전

그러나 문제는 확보한 자원을 일본까지
해상으로 운송해야 한다는 것이었습니다.

야마모토 이소로쿠는 점령지를 방어하는 대신,
일본 해군의 전력이 우위인 지금

이런 긴 보급선을 지키는 것은
일본 해군의 능력 밖이었습니다.

미 해군을 공격하여 섬멸하기를 원했습니다.

1942년 4월 18일, 둘리틀 특공대의
도쿄 공습에 충격을 받은 대본영은

미드웨이 섬을 점령한다면
미국과 호주의 항로를 차단할 뿐 아니라

본토 방공을 위해서도 미드웨이 공략과
미 항모전단의 섬멸이 필요하다고 느꼈습니다.

궁극적으로는 하와이 공략의
전초 기지가 될 것이었습니다.

그리고 섬의 공략과 동시에 이를 미끼로써 접근하는 미 해군의 항모전단을 섬멸한다는,

동시에 두 마리의 토끼를 잡겠다는 작전이었습니다.

미 해군의 정규항모는 요크타운과 엔터프라이즈, 와스프의 3척으로서

그중 요크타운은 산호해 해전에서 반파되었기에, 일본군은 2척의 항모를 적의 전력으로 상정했지요.

역시 산호해 해전에서 크고 작은 피해를 받은 일본군의 항모 쇼카쿠와 즈이카쿠 또한

수리와 재보급이 필요해 전력에서 제외되었기에 총 4척의 항모가 투입되었지요.

그러나 니미츠 제독의 결단으로 당초 장기간의 수리가 진단되었던 요크타운은

3일간 밤낮으로 긴급수리를 받고 다시 전선으로 돌아갔습니다.

일본군 수뇌부는 개전 벽두의 연이은 승전으로

진주만 공습의 치밀함은 사라지고
낙관론이 지배적이었습니다.

미드웨이 작전 자체도 듣기에는
그럴 듯했지만, 지휘관 사이에서도

작전의 목표가 결국 섬의 점령인지,
적 함대의 섬멸인지도 모호했습니다.

만약 작전이 성공해 미드웨이를 점령하더라도
일본군은 보급선을 유지할 수 없었지만,

이러한 문제는 낙관론 속에서 무시되었습니다.

또한 미군은 이미
일본군의 암호문을 감청하고 있었기에

미드웨이 기지의 전력을
대폭 강화하고 공격에 대비할 수 있었습니다.

결국 다수의 비행정으로 강화된 미군의 정찰에
일본군 함대는 조기에 발각되었으나,

미 해군은 지난 산호해 해전에서 조기에
항모를 탐지하는 것이 중요하다는 전훈을 배워

진주만처럼 완벽한 기습이라고 믿었기에
대세에 영향은 없으리라 판단합니다.

정찰기를 크게 늘렸지만, 비전투병과를 경시했던
일본군의 정찰 능력은 빈약한 것이었습니다.

일본군 함상 공격기들이 미드웨이의 활주로를
공습하며, 미드웨이 해전은 시작되었습니다.

일본군은 미드웨이 기지에서 출격한
육상기들에게 예상 외의 반격을 받았고

이미 전 기체가 공격을 위해서
발진해 미드웨이 기지의 피해는 미미했지요.

나구모 제독은 2차 공습이 필요하다고 판단,
함재기 폭장의 전환을 지시합니다.

야마모토는 미군의 함대를 대비해 파일럿과 함재기의 절반은 대함 공격용 무장을 갖추고 대기하라고 지시했지만, 전력의 절반을 존재도 모르는 함대를 위해 놀릴 수는 없었지요.

제한된 숫자의 핸드 카트로 승조원들은 한 번에 항공기 6기의 무장을 교체할 수 있었습니다. 흔들리는 배에서 848kg의 91식 항공어뢰를 800kg 고폭탄으로 교환하는 것은 고역이었습니다.

운명의 여신은 실제로 있는 것인지, 공격기의 무장 교환이 한창이던 그때 케터펄트의 고장으로 늦게 출발했던 토네 4번 기가 스프루언스의 기동부대를 발견했습니다.

토네 4번기는 예정대로 출발했다면 미군의 함대를 발견하지 못했겠지만 늦어진 일정에 맞추기 위해 조기에 귀환하던 중에 우연히 미군 함대를 발견한 것입니다.

기습에 당황하고 있어야 할 터인 미 해군 기동부대의 등장에 나구모는 당황했습니다.

정찰기의 보고에서는 아직 순양함 5척과 구축함 5척만이 확인되었습니다.

그러나 아직 공격을 판단하기 전에 적 항모의 유무에 대한 명확한 정보가 필요했지요.

만약 이것이 항모가 없는 미끼 함대라면 공격하는 사이 치명적인 반격에 당할 수 있었습니다.

만약 적에게 항모가 없다면 미드웨이 기지를 파괴하는 것이 우선이었습니다.

미군 공격대의 폭탄과 어뢰들은 쇄도하는 제로센 편대와 대공포화 속에 전부 빗나갔지만,

나구모가 고민하던 이 순간에도 미드웨이의 육상기들의 공격이 이어졌지요.

회피기동을 취하는 중 흔들리는 함에서 무장의 교환이 지연됐습니다.

5시 20분, 마침내 미 해군 항모가 발견되었다는
첩보가 들어왔습니다.

나구모에게 또 다른 결단의 시간이
다가왔습니다.

마침 미드웨이 1차 공격대가 항모로
돌아와야 하는 것입니다.

함재기들을 착함시키기 위해서는
갑판을 비워야 했습니다.

선택은 두 가지였습니다,
지금 준비된 공격기들만으로 제공기 없이
단독으로 공격하거나, 완편된 공격대를
구성할 때까지 기다리는 것입니다.

일본군의 교리는 폭격과 뇌격을 동시에 가해
최대한의 전과를 노리는 것입니다.

게다가 나구모는 무질서하게 공격을 감행하다
소모된 미군 공격대를 보았지요.

8시 35분 나구모는 미드웨이 공격대의
착함 준비를 명령합니다.

리스크를 받아들이고 시간이 걸리더라도
완편 공격대를 보내기로 결심한 것입니다.

이때 이미 호넷의 공격대는 30분째
일본군을 찾아 비행하고 있었습니다.

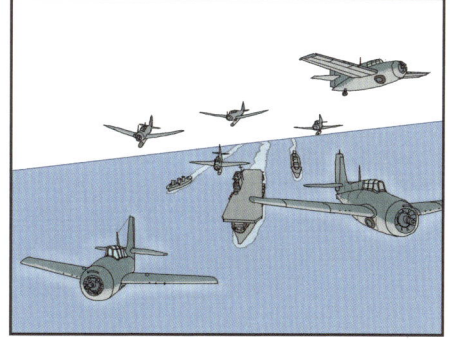

전투기 10기와 급강하폭격기 15기,
폭격기 18기와 뇌격기 15기로 구성되었지요.

그러나 뇌격대의 편대장
왈드론 소령의 뇌격대만이

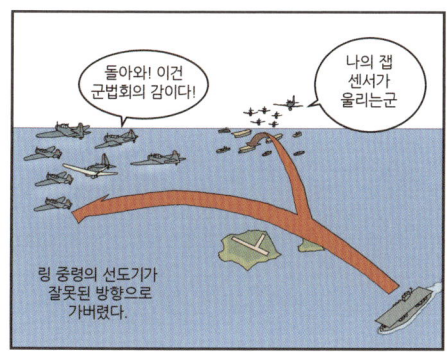

항로가 틀렸음을 깨닫고 자신의 뇌격대를 이끌고
독단적으로 항로를 변경했습니다.

결국 링 중령의 급강하폭격기 편대는
아무런 성과 없이 돌아왔지만

왈드론 소령의 뇌격대는 정확히 적을 찾았습니다.

24기의 제로센은 제공기 없이
뇌격을 위해 수평비행하는 데바스테이터 편대를

갈갈이 찢어놨습니다. 왈드론 소령의
편대장기도 물보라 속으로 사라졌습니다.

뇌격기 편대의 마지막 열의 조지 게이 소위는
왈드론 소령이 출격 전에 한 말을 떠올렸습니다.

게이 소위는 총격으로 전기기통이 망가진 어뢰를
수동으로 투하하고 격추됐습니다.

나구모는 초조하게 공격대를 준비하며 또 다시
실패한 미국인들의 공격을 지켜보았습니다.

적 편대는 함재기로 보였습니다.
적 항모는 이미 공격을 시작했습니다.

엔터프라이즈의 린지 소령이 이끄는
뇌격대의 공격이 이어졌지만 명중시키지 못했고

제로센의 끈질긴 요격으로 4기의 뇌격기만이
항모로 돌아올 수 있었습니다.

에드워드 매시 소령의 요크타운의 뇌격대가
연이어 돌입했습니다.

1차 공격대의 뇌격기 41기 중
린지 소령 편대의 4기만이 돌아올 수 있었습니다.

타치 소령의 제공기들이 분투했지만
느린 뇌격기들은 연달아 격추됐습니다.

끔찍한 손실을 냈지만
단 한 발의 명중탄도 내지 못했습니다.

10시 20분, 94기의 미군 항공기들의
8번에 걸친 공격을 모두 격퇴한 제1기동부대는

그 순간 웨이드 맥클러스키 소령의
32기의 급강하폭격기가 나타났습니다.

곧 완편된 공격대를 발진시켜
미군 항모전단을 공격할 참이었습니다.

이들은 당초 예상된 지역에 일본 함대가 없어
해역을 배회하다 뒤쳐진 구축함을
발견했던 것입니다.

일본군 수병들과 제공기는 연이은 뇌격기의
공격으로 저고도를 주시하던 참이었습니다.

마침내 그 존재를 알아차렸을 때는
이미 너무 늦은 후였습니다.

함재기의 무장 변환으로 36톤의 폭탄과
어뢰로 가득 찬 항공모함 카가의 격납고는

그대로 거대한 폭탄으로 변해
대폭발을 일으켰습니다.

겨우 주위의 2기의 돈틀리스를 수습한
딕 베스트 대위는 우측의 아카기로 돌입했습니다.

윙맨의 1000파운드 폭탄 두 발은
지근탄이었지만 대위의 폭탄은
정확히 명중했지요.

소류에도 3발의 폭탄이 직격하여
격렬한 폭발을 일으켰습니다.

이후 마지막 남은 히류가 요크타운을
대파시키며 분전했지만

결국 4발의 1000파운드 폭탄을 맞고
전소되어 대파됐습니다.

결국 미드웨이 해전 이후 일본군은
더 이상 주도적으로 공세를 이어가기 어려워졌고

제국 해군이 10년에 걸쳐서 양성한 파일럿과
기동 부대가 고작 5분만에 파괴되었습니다.

병력과 자원을 소모하며 점차
태평양의 제공권을 잃어갔습니다.

이제 하나 하나 태평양의 섬들을 점령한
미군 폭격기의 사거리에 일본 열도가 들어오며

태평양 전선에서의 전략 폭격이 시작됩니다.

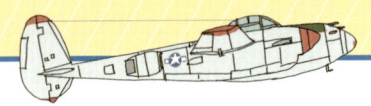

미드웨이 해전

진주만에서 미군 태평양 함대에 큰 타격을 입혔지만, 미국은 거대한 국력으로 빠르게 태평양 함대를 재건할 겁니다. 해군은 진주만 공습 이후의 전력의 우위를 최대한으로 활용해야 했습니다. 그러나 육군은 중국에 집중하고 있었기 때문에 해군의 호주 침공과 하와이 침공과 같은 다수의 육군 병력을 요구하는 작전에 반대했지요. 그러나 야마모토 이소로쿠는 점령지를 방어할 것이 아니라 미군의 잔존 항공모함 세력을 유인해 격멸해야 한다고 끈질기게 주장했습니다. 그리고 현재 열세에 처한 미군 함대를 유인하려면 미군이 맞서 싸울 수밖에 없는 결정적인 장소를 공격해야 했습니다.

야마모토가 첫 번째로 선택한 지역인 하와이의 침공은 해군과 육군 참모부 모두 너무나 비현실적인 목표라고 생각해 반려되었습니다. 일본군의 능력으로는 요새화된 하와이를 점령할 수 없을 뿐더러, 점령한다고 한들 보급선 유지가 불가능했습니다. 야마모토는 이에 한 발 후퇴해 미드웨이의 공략을 제안했습니다.

1859년에 처음으로 발견된 태평양의 작은 섬 미드웨이는 일본의 위협이 대두하던 1941년, 비행장과 두 섬을 잇는 수로가 완공되어 잠수함의 정박지이자 하와이로 접근하는 적을 조기에 발견하는 중요한 전초 기지가 되었습니다. 이곳을 일본군이 공격한다면 미군은 진주만에서 잔존 함대를 총 동원해 맞서 싸울 것입니다. 미군 기동부대는 미드웨이로 접근하는 동안 미리 매복한 일본군 잠수함의 공격으로 피해가 누적될 것이며, 전선에

도달한 지친 미군 항공모함들은 4척의 일본군 항모전단의 정예 전력의 상대가 되지 못할 것입니다. 이렇게 섬을 점령한 이후로 미드웨이섬을 기반으로 하와이 침공을 준비한다는 대담한 계획이었지요.

미드웨이 해전의 아이러니함은 일본 해군이 구상한 점감요격작전을 반대로 전력이 열세였던 미군이 일본군을 상대로 보여주었다는 점입니다. 점감요격작전은 아군 지역에서 적 전력을 지속적으로 요격해 약해진 적을 함대결전으로 정리하는 계획입니다. 잠수함의 매복과 항모의 함재기, 인근 기지에서 발진한 육상기, 구축함과 순양함이 포함된 수뢰전대가 다가오는 미군의 전력을 줄이고 최후에 잔존 미군 함대와 일본군의 주력 함대가 결전을 벌이는 것이지요.

일본 해군의 병기 특유의 과무장과 항속거리를 중시하는 경향 역시 이런 점감요격작전의 이론에서 나온 것이었습니다. 적의 주력 함대가 아군 함대에 접근하기 전에 최대한 많은 공격 기회를 얻으려면 긴 항속거리가 중요했습니다. 또한 적 함대의 강한 화력을 뚫고 명중한 한 발 한 발이 최대한 큰 피해를 주어야 했기 때문에 화력이 중요했지요. 제로센은 항속거리와 화력을 높이고 장갑을 희생했습니다. 구축함들은 대량의 어뢰로 중무장한 대신 대잠, 대공 능력이 약해졌습니다. 결과적으로 장단점이 분명한 밸런스가 무너진 병기가 많아졌지요.

일본군의 암호문을 해독해 이미 전력이 강화된 미드웨이의 핸더슨 비행장은 불침항모의 역할을 하며 육상기들을 발진시켜 일본군의 기동부대를 꾸준히 괴롭혔습니다. 미 해군 잠수함 노틸러스의 공격으로 구축함 아라시가 본함대에서 뒤쳐졌고, 이 항적을 발견해 추적했기 때문에 미군의 급강하폭격대는 일본군 항모전단에 큰 타격을 입힐 수 있었습니다.

    마지막으로 일본군이 그토록 강조하던 정신력과 투지마저 오히려 미군이 보여주었습니다. 미군의 뇌격기 부대와 급강하폭격기 부대는 전투기의 지원이 없는 열악한 상황에서 그들의 공격은 자살행위라는 것을 알면서도 임무에 따라 끝까지 싸웠습니다.

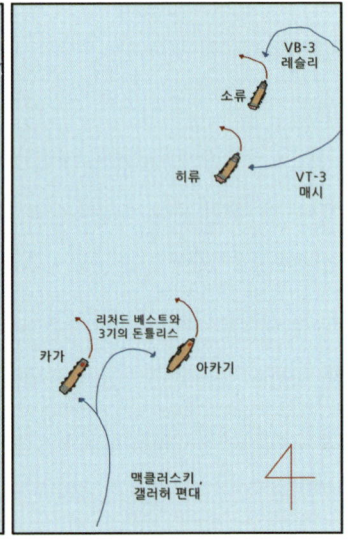

*VT는 뇌격대 편대, VB는 급강하 폭격기

인트로

미국 국력의 1/10 이하인 일본이 소모전을 치르며

드넓은 남방의 유전지대와 해상 운송로를 지키는 것은 불가능했습니다.

19화
태평양을 건너

과거 석유는 조명용 등유로 이용되었으나, 기술의 발전으로 동력원으로 쓰이게 되며

운반과 보관의 용이성, 높은 에너지 밀도로 빠르게 석탄을 대체했지요.

특히 병기에 있어 석유로의 전환은 혁신이였습니다. 중유 엔진의 군함은 기존에 비해

보일러의 무게는 절반이 되었지만 출력은 두 배 가까이 상승했습니다.

생겨난 여유 중량으로 군함에 추가적인 장갑과 무장을 증설할 수 있습니다.

이제 석유로의 전환은 국방을 위해서 필수적인 것이었습니다.

게다가 석유 대신 석탄을 사용해 추진할 수 있는 함선과는 달리

항공기는 석유를 대체할 연료가 없었지요.

반자이 돌격으로 미군의 화력에 병력을 들이받던 일본군의 공격 일변도 전술도

점차 요새화된 섬에서 지연전을 펼치는 것으로 변해 미군의 희생이 커졌습니다.

일본 본토로의 직접 침공은 양측에 막대한 피해를 불러올 것이 분명했습니다.

그리고 상륙 없이 일본을 항복시킬 수단은 폭격뿐이었습니다.

일본 폭격의 첫 번째 문제는 거리였습니다.

미군에게는 일본제국의 방대한 점령지를 지나 본토로 도달할 수 있는 폭격기가 없었습니다.

그래서 B-17의 두 배의 항속거리를 가진 "초(超)요새" B-29가 등장했습니다.

B-29의 개발은 2차 세계대전의 모든 프로젝트 중 가장 많은 비용을 소모한 프로젝트였지요.

청두 기지의 보급을 위해서는
콜카타 기지의 B-29가
히말라야 산맥을 넘는 비행을 해야 했지요.

영하 20도의 히말라야 상공은
격렬한 기류와 강풍, 눈보라의 지옥이었습니다.

수많은 기체가
비행 중 끔찍한 사고로 추락했고

그 파편들을 상공에서 본 승무원들은
이 루트를 "알루미늄 트레일"이라고 불렸습니다.

도중에 난기류를 만나면 연료를 수송하는
B-29는 연료 45리터를 소모하고

겨우 3리터의 연료를 청두 기지까지
보급할 수 있었습니다.

1944년 6월 13일, 콜카타에서 92대의 B-29가
큐슈를 폭격하기 위해 출격했습니다.

12기가 히말라야 산맥을 넘지 못하고
콜카타로 귀환했고, 1기는 도중 추락했습니다.

청두에 도착한 79기는 보급을 마쳤으나, 1기가 이륙 직후에 추락했고

6기는 도중에 폭탄을 버렸습니다. 47기가 폭탄을 투하했지만

기계적인 문제로 4기가 더 돌아왔습니다. 1기는 비행 중 격추되었습니다.

큐슈의 악천후로 단 한 발의 폭탄만이 목표물에 명중했습니다.

한 발의 폭탄을 투하한 대가는 7대의 폭격기와 55명의 승무원의 목숨이었습니다.

마리아나 기지에서 비로소 B-29는 도쿄를 사정권에 둘 수 있게 되었습니다.

끔찍한 효율의 청두 루트는 미군이 마리아나를 점령하며 서서히 폐지되었습니다.

목표는 일본 항공기 엔진의 대부분을 생산하던 나카지마 항공의 공장이었습니다.

드디어 폭격기 마피아들이 원하던
고고도 정밀 폭격이 이루어졌지만

문제는 약 2만피트 상공에서 일본 열도를
지나는 제트기류의 띠였습니다.

결과는 실망스러웠습니다.
폭탄은 공장을 빗나갔고, 학교와 병원을
명중했습니다.

전까지 아무도 그런 고고도에서 비행을
하지 못했기에 알려지지 않았던 것입니다.

평균적인 폭은 200km, 시속 180km인
이 바람의 띠는 맞바람으로 맞는다면

이런 환경에서 고고도 정밀폭격은
불가능한 것이었습니다.

항공기를 마치 정지한 것처럼
보이게 할 수 있었습니다.

하지만 미국인들은 플랜 B가 있었지요.

1941년, 시카고의 한 회의실에서는 화학자들의 모임이 한창이었습니다.

MIT의 하틀 교수를 필두로 한 이 모임의 주제는 소이탄이었습니다.

그들은 델라웨어의 한 페인트 공장에서 실마리를 얻을 수 있었습니다.

페인트를 건조시키는 데 쓰이는 석유의 부산물이 인화성을 지니고 있었던 것입니다.

이것은 처음에는 불량품 페인트 정도로 여겨졌지만

불타는 걸쭉한 젤리는 화학자들에게 큰 힌트를 줬습니다.

너무 연한 인화물은 잘 퍼지지만 순식간에 소화됩니다.

반대로 너무 끈적한 것은 불을 넓게 퍼트릴 수 없습니다.

그리고 그 점도를 황금 비율로
조합한 것이 네이팜이었습니다.

네이팜이 가득 담긴 막대에
TNT를 삽입하고 기폭합니다.

끈적한 타르가 된 가솔린,
20세기 그리스의 불입니다.

젤리는 폭발과 함께 점화되고 사방으로 튀어
달라붙은 모든 것을 잿더미가 될 때까지
불태웁니다.

일본의 전통 가옥은 목제와 종이,
짚으로 만들어졌고, 마을의 거리는 비좁았습니다.

미군은 일본 건축의 전문가를 초빙해 사막에
일본의 주택과 동일한 모형을 제작했고,

간단히 말해서 이 도시들은
불씨를 기다리는 거대한 화덕과 다름없었습니다.

M69라고 명명된 미국의 신형 네이팜 폭탄과
영국의 테르밋 소이탄의 비교 실험을 실시합니다.

500파운드 클러스터 폭탄에서 투하되는
38개의 M69 네이팜탄은

모형 마을을 초토화시키며
영국인들의 소이탄을 구닥다리로 만들었습니다.

독일인들과 영국인들은
이미 서로 소이탄을 퍼붓고 있었습니다.

일본군도 이미 중국의 도시들을
소이탄으로 불태웠지요.

이미 인도적인 전쟁 따위는 헛소리였습니다.

하지만 한 남자는 아직
뜻을 굽히지 않았습니다.

21 폭격단 사령관 헤이우드 한셀,
그는 골수 폭격기 마피아였습니다.

고고도 정밀 폭격은 이미 그의 전략이 아닌
신앙과 다름없었습니다.

상부에서는 마리아나 기지로
대량의 네이팜을 배송하여 그를 압박했지만

육군의 사령관이 휘하의 전 병력을
사선에 투입하는 일은 일생에 한 번 올 일입니다.

그는 고고도 정밀 폭격 전술을
굽히지 않았습니다.

해군의 경우도 비슷할 것입니다,
그러나 공군 사령관은 다릅니다.

매번의 작전마다 공군은 전 병력을
사선으로, 적지로 밀어넣습니다.

한 대의 폭격기가 추락하면
11명의 승무원의 목숨을 앗아갑니다.

부하가 얼마나 살아 돌아올지는
아무도 모릅니다.

사령관은 11명의 가족에게 편지를 씁니다.
수십, 수백 통의 똑같은 내용의 편지를

그에게 작전에 대한 확신 없이

부하를 전장으로 보내는 것은
그저 살인이었습니다.

1944년 12월, 육군 항공대 총사령관
로리스 노스타드가 괌에 도착했습니다.

그는 한마디 말을 남기고 돌아갔습니다,
"부대를 커티스 르메이에게 인계하라."

태평양을 넘어서

일본의 전쟁 수행 능력은 1943년부터 서서히 무너지기 시작했습니다. 남방 점령지에서 1년에 740만kl의 석유가 생산되고 있었지만 수송 능력의 부족으로 264만kl가 일본 본토로 환송되었습니다. 반면 그 해 일본군과 민간이 소모한 석유는 662만kl에 달해, 여전히 비축한 전략유를 소모해 싸우고 있었지요. 5000km의 해상 수송로를 거쳐 일본으로 전달된 석유와 광물은 군수품으로 가공되어 5000km를 다시 돌아가 남방의 섬으로 흩어진 일본군에게 보급되어야 했습니다.

1944년, 예정된 석유 환송량은 작년의 2배가량인 450만kl였지만 미군의 잠수함과 항공기의 통상파괴로 겨우 106만kl만이 환송되었습니다. 점점 줄어들던 석유 환송은 1945년 3월을 마지막으로 중단되었습니다. 현지의 유전에서는 잉여 석유를 불태우고 방류하는 동안, 본토는 연료 부족에 시달리며 소나무를 원료로 항공유를 제조해야 했습니다. 역시 연료 부족을 겪었지만 자국에서도 광물과 석유가 어느 정도 생산되며, 루마니아와 동유럽의 유전과 본토가 육로로 연결되어 있던 독일에 비해 석유와 광물은 물론 식량조차 수입에 크게 의지하던 섬나라 일본은 제해권을 잃은 시점에 이미 전쟁은 끝난 것이나 다름없었습니다. 그러나 일본은 끝까지 항복하지 않았습니다.

미군은 일본 본토 침공으로 미군 50만 명 이상이 전사할 것을 예상했습니다. 오키나와 전투를 일본 열도를 따라 수십 번을 반복하게 될지도 몰랐지요. 핵폭탄과 생화학 병기를 포함한 대량살상무기의 사용이 계획되었습니다. 전략 폭격이 성공해 일본이 항복하는 길만이 참극을 막는 최선이었지요. 그러나 고고도에서 일본을 지나는 제트기류 띠가 정밀 폭격을 불가능하게 만들었습니다. 구름과 날씨의 영향을 크게 받는 고고도 폭격은 애초에 작전이 가능한 날도 적었지요. 아무리 고고도가 일본군의 방공망에서 안전하다고는 해도 크고 작은 손실은 계속해서 일어났으며, 워싱턴과 펜타곤은 막대한 인력과 자원을 투입했음에도 미미한 성과만을 보이며 시간을 보내고 있는 지금의 정밀 폭격을 좋아하지 않았습니다.

이제 남은 방법은 전투기와 대공포가 기다리는 저고도로 내려가 폭탄을 퍼붓는 것이었습니다. 작전은 안전을 위해 야간 폭격으로 전환되었습니다. 자연스럽게 조준은 불가능해졌고, 무장은 고폭탄에서 광역 제압이 가능한 소이탄으로 변경되었습니다. 일본 가옥은 화재에 취약한 목재와 종이로 지어졌으며, 거리 폭은 서구권 도시보다 좁은 데다 화재를 차단할 수 있는 공원도 적었습니다. 똑같은 양의 소이탄을 투하했을 때 런던은 15%가 불타지만, 오사카는 80%가 불에 탈 겁니다. 민간인 거주 지역에 대한 전략 폭격의 효용성에 대한 논쟁은 전쟁이 한창이던 당시부터 지금까지 뜨거운 감자이지요. 무쇠 엉덩이로 불렸던 제21폭격기사령부 사령관 커티스 르메이* 준장은 유럽전선에서 대공포 속을 똑바로 날아가라는 명령에 두려워하던 부하에게 이렇게 말했습니다. "넌 아마 죽을 거다, 그냥

---

* 1906년 11월 15일 ~ 1990년 10월 1일

그렇게 받아들이는 편이 좋아, 그러면 훨씬 편해질 거다." 그는 이 말을 남기고 가장 위험한 폭격기 대형의 최선두에서 부하들을 이끌었습니다.

커티스 르메이에게 서로 죽고 죽이는 것이 전쟁의 본질이었습니다. '정의로운 살인'과 같은 위선은 집어치워야 했습니다. 그렇다면 가장 폭력적이고 파괴적인 전쟁만이 가장 빠르게 평화로 가는 길이었습니다.

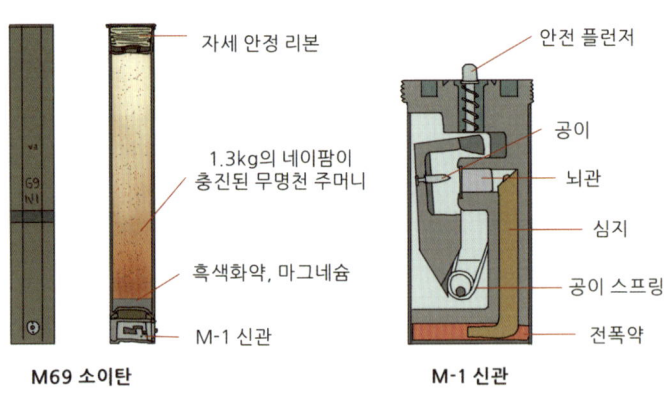

2,500피트에서 신관이 작동되어 클러스터 컨테이너에서 분리된 38개의 M69 소이탄은 동시에 M-1 신관의 안전 장치가 해제되며 활성화됩니다. 자세 안정 리본이 펼쳐지며 274km/h의 속도로 떨어지는 2.7kg의 M69 소이탄은 5~8cm 두께의 콘크리트와 대부분의 비 군사 시설의 지붕을 관통할 수 있었습니다. 건물의 내부에서부터 시작된 화재는 외벽을 태우는 것보다 훨씬 치명적이며 소화하기에도 어려웠습니다. 지붕을 뚫으며 단단한 표면에 격돌한 M-1 신관은 공이가 뇌관을 격발하고, 점화된 심

지가 전폭약을 기폭시킬 때까지 3~5초의 시간이 걸렸습니다. 이 시간은 M69 소이탄이 지붕을 뚫고, 2층의 바닥을 관통하여 건물의 1층에 닿을 때까지의 여유시간이었지요.

원통형의 M69는 바닥에 누워 폭발하면서 70m 범위에 네이팜을 흩뿌렸습니다. 네이팜은 폭발로 비산된 내벽의 표면에 달라붙어 4~5분 동안 타올랐으며, 미군의 모의실험에서 68%의 M69 소이탄이 일본식 목제 가옥에 점화된 지 단 2분만에 통제가 불가능한 화재를 일으켰지요.

인트로

커티스 르메이 소장은 그림으로
그린 듯한 군인이었습니다.

어떻게든 맡겨진 일은 해냈지요.

그는 유럽에서 독일을 폭격할 때 폭격기가
대공포를 피하기 위해 이리저리 움직이는 탓에

그는 이제부터 대형을 유지한 그대로,
일직선으로 대공포화 속을 날도록 명령했습니다.

폭탄의 명중률이 떨어진다는 사실을
깨달았습니다.

그리고는 지휘관인 자신이 직접
최선두의 1번 기에 탑승했습니다.

이론적으로는 B-17 한 기가 격추되기 위해
377발의 대공포화가 필요했습니다.

부하가 그에게 작전에 대한
두려움을 말하자, 그는 대답했습니다.

그에게는 나쁘지 않은 숫자였습니다.

그것이 커티스 르메이라는 남자였지요.

마치 슈퍼카로 밭을 가는 것과 비슷했습니다.

고고도 폭격을 위한 노든 조준기와
18기통 엔진, 여압식 기체는
이젠 의미가 없어졌습니다.

목표물은 이제 어떤 공장, 어떤 항구,
발전소 따위의 시설이 아니었습니다.

르메이의 명령서에는
도쿄라는 두 글자뿐이었습니다.

폭탄을 더 탑재하기 위해 방어 기총도
한 정을 빼고는 다 떼어 버렸습니다.

이전의 작전과 모든 것이 달라졌습니다,
부하들은 겁에 질려 있었지요.

겨우 5000피트에서 폭격을 가하는 것은
누구도 시도하지 않았던 일입니다.

르메이에게도 이건 군에서의
모든 경력을 건 작전이었지요.

1945년 3월 9일 밤, 도쿄를 목표로
첫 저고도 폭격이 시작되었습니다.

도쿄 스마다 강 인근의
노동자 밀집 주거구역이 목표였습니다.

우려하던 일본 방공망의 저항은
거의 없는 것이나 마찬가지였습니다.

일본의 야간 전투기의 숫자는 극소수였고,
대공포는 성능이 떨어졌습니다.

한 발의 클러스터 폭탄에서 38개의
M-69 네이팜탄이 분리되어 쏟아져 나갑니다.

324기의 B-29는 순식간에
1,665톤의 네이팜을 쏟아부었습니다.

약 40만 명이 거주하던 밀집 주거 지역에
조준은 필요없었습니다.

기와 지붕을 뚫고 다다미에 격돌한
M-69 네이팜탄이 격발합니다.

목표 지점 40제곱킬로미터의
모든 것이 불타고 있었습니다.

아스팔트가 녹고 인간이 타는 냄새와
함께 강력한 열기가 치솟았습니다.

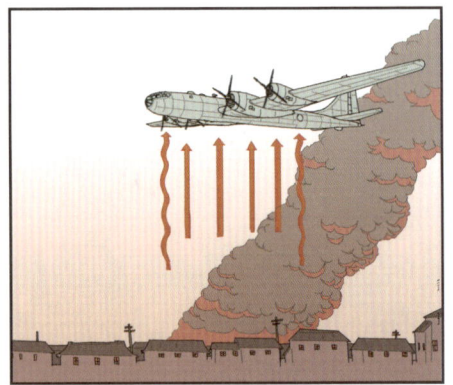

열기를 피해 스마다강으로 뛰어든
사람들은 저체온증으로 사망했습니다.

화재로 인한 상승 기류는 33톤의 B-29를
분당 60m씩 위로 들어올렸습니다.

이날의 단 한 번의 폭격으로
약 10만 명 이상이 사망했습니다.

다음날 아침, 잠옷 차림의 르메이는
잿더미가 된 도쿄의 사진을 받았습니다.

수일 뒤까지 많은 시체가
강을 따라 하구로 떠내려왔습니다.

계획은 성공했지만, 어쩌면 지나치게
성공적이었습니다.

한편 일본 제국은 해외에서의 패전과 달리 이제는 더 이상 피해를 감출 수 없었습니다.

피난민들은 슬럼을 형성했습니다.
국민들의 사기가 떨어지고 있었지요.

일본 정부는 B-29의 손실률을 계산하여 이대로 미군이 일본을 폭격한다면

20개월 후에는 B-29가 고갈될 것이라는
희망적인 통계를 선전했습니다.

그러나 B-29의 생산율은 바램과 달리
꾸준히 증가하고 있었으며

추락한 미군 파일럿들은 잠수함과
비행정에 구조되어 전선으로 복귀했습니다.

르메이의 21 폭격기 사령부는
일본 전역을 잿더미로 만들었습니다.

전쟁이 끝나기 전 8월 14일까지
총 67개의 도시를 불태웠습니다.

폭격의 결과로 약 80만 명의
사상자가 발생했다고 알려져 있습니다.

히로시마와 나가사키에는
신병기인 원자폭탄이 투하되었습니다.

마지막으로 이제 공군에게
폭격기 외에 또 다른 권능이 주어졌습니다.

원폭으로 총 10만여 명이 사망했습니다.
그러나 많이 간과되는 점은

두 발의 핵폭탄과 3월 10일 한 번의
제례식 폭격의 사상자가 비슷했다는 것입니다.

폭격기 마피아의 사상은 최소한의
부수적 피해로 전쟁을 끝내는 것이었지만

원자폭탄처럼 공격에 대통령의 결제가
필요한 것도 아니었습니다.

결국 폭격기는 이전의 병기들처럼
대량 파괴의 도구로서 사용되었습니다

1945년 4월 5일, 일본을 상징하는
이름의 전함, 야마토가 오키나와로 출발했습니다.

미군 항공기들의 일방적인 공격으로
야마토는 3000여 명의 사상자와 침몰했습니다.

야마토는 당대 최대 구경의 주포와
중장갑으로 무장한 최신예 함선이었습니다.

그에 비해 미군의 사상자는 13명이었습니다.

1947년, 미 공군은 드디어
육군에서 독립하였습니다.

이제는 세상에서 가장 강력한 병기로 무장하고

불과 수십 년 전까지만 해도
들러리의 취급을 받았던 공군은

누구보다 빠르고, 누구보다 멀리,
누구보다 강하게 공격했습니다.

전쟁 기계

새로 부임한 커티스 르메이 장군은 폭격기 사령부의 모든 것을 바꾸었습니다. 그는 갑자기 폭격기 승무원들에게 야간에 5,000피트 상공에서 적 수도를 폭격할 것을 명령했습니다.

B-29는 거의 4만 피트 상공에서 폭격을 하는 훈련을 받았습니다. 그런 저공에서의 폭격은 폭격기를 대공포와 전투기의 손쉬운 먹잇감으로 만들 것으로 보였습니다.

주간 폭격 훈련받았던 승무원들에게 기관차 4대 출력의 33톤짜리 쇳덩이를 몰고 칠흑 같은 밤에 태평양의 조그만 섬에 이착륙을 하는 것은 그 자체만으로도 위험한 일이었습니다. 심지어 P-51 전투기의 호위도 없어졌지요. 르메이 장군은 멈추지 않고 폭격기에서 후방 기총만을 남기고 기관총과 탄약, 기관총 사수들을 제거해 1.5톤의 폭탄을 더 실을 것을 명령했습니다. 유럽 전선에서 장군 자신이 발명했던 폭격기들의 전투 대형인 컴뱃 박스도 해체되었습니다. 이제 각 폭격기들은 개별적으로 목표까지 비행하고 폭탄을 투하한 후 스스로 돌아와야 했습니다. 대형을 이루고 이동하기 위해 걸리는 시간이 주는 만큼 작전 시간은 줄어들겠지만, 만약 적의 전투기가 나타난다면 홀로 떨어진 폭격기는 그저 먹잇감에 불과할 겁니다.

르메이에게도 이것은 도박이었습니다. 정보에 따르면 일본의 야간 전투기 수는 턱없이 부족한데다 대공포의 성능은 떨어졌습니다. 유럽에서 경험을 바탕으로 르메이 장군은 폭격기의 손실은 허용 가능한 수준일 것으로 예상했습니다. 가드를 내린 전력 스트레이트 펀치와 다름 없는 르메이의 극단적인 전술은 대재앙이 될 수도 있었습니다.

3월 9일 저녁, 324기의 B-29는 소이탄 1,665톤을 아라카와강과 스미다강 사이의 약 25 제곱킬로미터의 산업 시설과 주거 시설이 뒤섞인 지역에 쏟아부었습니다. 선도기가 목표 지점에서 30미터마다 M47 소이탄을 투하했습니다. 백린으로 충진된 M47은 밝게 타오르며 조준을 도왔습니다. B-29는 이 표시를 기준으로 M-69 소이탄 38발이 들어찬 클러스터 폭탄을 15미터마다 한 발씩 투하했지요. 일본 대공포대와 야간 전투기의 반격을 받았지만 지금까지 주간 고고도 폭격에 익숙하던 일본군은 갑작스러운 야간 저고도 폭격에 대처하지 못했습니다. 르메이의 예상대로 피해는 크지 않았습니다. B-29 14대가 격추되었고, 42대는 손상을 입었습니다. 이 정도의 손실은 폭격의 성과에 비하면 감내할 수 있는 피해였지요.

도쿄의 소방대는 이런 대규모 화재에 대처할 수 없었습니다. 불의 폭풍이 도시를 집어삼켰습니다. 피난민들은 온몸에 물을 적신 채 달아났지만, 거센 바람으로 점점 커지던 화염은 순식간에 인간을 마른 나뭇잎을 태우듯이 불태웠습니다. 아스팔트는 녹아내리고 전신주는 불붙은 채 하나하나 끊어지며 공포스럽게 춤췄습니다. 강철로 만든 고토토이 다리의 대들보는 화재로 달아올라 아사쿠사 방향으로 도망치던 피난민들에게 화상을 입혔습니다. 화재가 끝나고 남은 시체는 성별조차 구분할 수 없을 지경이었습니다.

반면 대본영*과 천황은 안전한 지하의 콘크리트 벙커에 숨어 있었습니다. 그들은 방어에 불리한 평야 지대인 수도 도쿄를 버리고 나가노시 동남쪽에 위치한 마츠시로의 산중으로 도망칠 준비를 하며 대규모 콘크리트 지하 벙커를 건설했으며, 지하 벙커 속에는 천황가의 위엄에 맞는 편백나무와 삼나무로 만든 옥좌와 욕조까지 제작되어 있었습니다.

　피난하는 천황과 황족들을 안전하게 운송할 전용 장갑차의 내부는 샹들리에와 융단으로 사치스럽게 꾸며져 있었지요.

　원자폭탄의 중요한 기술적인 문제는 핵물질을 정확한 순간에 임계질량에 도달시켜 핵분열을 시작하도록 만들어야 했다는 것입니다. 이에 먼저 등장한 설계가 히로시마에 투하된 리틀보이의 '포신형' 설계의 원자폭탄이었습니다. 포신의 한쪽 끝에는 일명 '타깃'이 되는 25.6kg의 우라늄-235가 핵분열을 돕는 중성자를 반사하는 텅스텐 카본에 둘러쌓여 있습니다. 이 '타깃'을 향해 포신의 반대편 끝의 38.5kg의 속이 비어 있는 원통형의 '발사체' 우라늄을 발사하면 두 우라늄 링은 충돌하여 합쳐지고, 우라늄-235는 완전히 중성자 반사체에 둘러쌓인 채로 임계질량에 도달하여 순식간에 거대한 폭발을 일으키는 핵분열이 시작되지요.

---

*　전시 일본제국의 해군과 육군을 지휘하는 천황 직속 최고 통수 기관

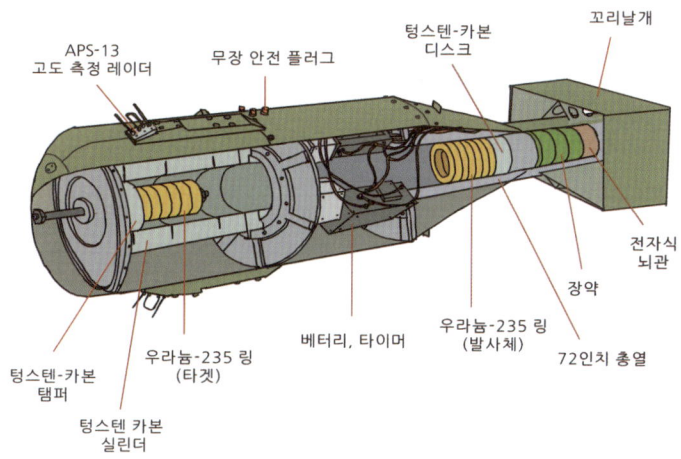

이러한 포신형 설계로 인해 얇고 길쭉했던 원자폭탄은 '리틀 보이'라고 불리게 되었습니다.

핵폭발의 파괴력을 극대화하려면 통상적인 폭탄과 달리 지면이 아닌 600m 정도의 고도에서 공중폭발해야 했습니다. 이를 위해서 고도를 측정하는 레이더가 장착되었지요.

아이러니하게도 이 레이더는 일본인이 개발한 '야기-우다 안테나'를 사용하고 있었습니다.

희귀한 우라늄 235에 비해 비교적 수급이 안정적이었던 플루토늄은 '포신형' 설계로 핵분열을 일으키려면 매우 긴 포신이 필요했습니다. 우라늄에 비해 핵분열 속도가 빠른 플루토늄이 온전하게 임계질량에 도달하여 충분한 파괴력의 핵분열을 일으키려면 우라늄보다 더 빠른 속도로 추진되어야 했기 때문입니다.

팻맨

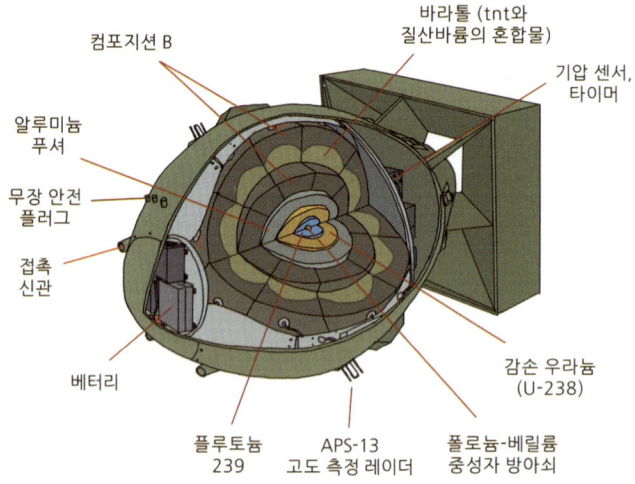

　덕분에 플루토늄을 사용하는 포신형 원자폭탄은 폭격기에 실기 어려울 정도로 길어졌습니다. 게다가 포신형 설계는 기술적인 난이도가 낮은 대신, 분리된 두 핵물질이 기계적 고장과 폭격기의 추락 등의 우발적인 사고로 충돌하여 불시에 임계점에 달해 핵폭발이 일어날 가능성이 있었습니

다. 다행히도 포신형 원자폭탄의 이러한 문제를 해결할 팻맨으로 대표되는 '내폭형' 원자폭탄이 동시에 제작되고 있었지요. 내폭형 원자폭탄은 미임계 상태의 소량의 플루토늄을 전방향에서 둘러싼 폭약을 기폭시켜 강한 압력으로 압축시켜 핵분열을 일으켰습니다.

   플루토늄을 폭약이 둥글게 감싸며 뚱뚱하고 동그란 형태가 된 내폭형 원자폭탄을 '팻 맨'이라고 불렀습니다. 총신형 원자폭탄에 비해서 기술적으로 복잡했던 내폭형 원자폭탄인 팻 맨은 불발의 위험성 때문에 적에게 노획되지 않기 위해서 지면에 충돌했을 때 작동하는 접촉 신관이 장착되어 있었지요.

인트로

2차 세계대전은 끝났지만, 세계는 반으로 나뉘어

미국과 소련을 위시한 두 이데올로기 아래에서 또 다른 대립이 시작되었습니다.

양측이 경쟁적으로 생산한 강력한 신무기 핵폭탄은

오히려 그 파괴력으로 미국과 소련의 직접적인 충돌을 막았습니다.

덕분에 2차 세계대전 같은 강대국 간의 전면전은 일어나지 않았지만,

양국의 지원을 받는 국가의 대리전의 형태로 전쟁은 계속되었습니다.

직접적인 충돌이 늘어날수록
우발적인 전쟁의 위협이 커지며

지상군의 파병은 큰 정치적인 리스크가
따르는 일이 되었습니다.

미군은 일단 베트남 지역에
군사적으로 개입했지만

중국군의 참전을 우려해
이번에는 17도선을 넘는 북진을 금지했지요.

최악의 시나리오로는
중공군의 전면 개입으로

인도차이나 전역이 전면적인
전장이 될 수도 있었습니다.

* 미국에 대항하고 베트남을 돕는다.

때문에 북베트남에 적극적으로
사용하게 된 카드는 바로 공군이었습니다.

정치적 리스크로 손발이 묶인
미군의 유일한 공격 수단이었지요.

아직까지 기총으로 무장한 미그기뿐이었던 북베트남 공군은

최신예 F-4 팬텀과 공대공 미사일로 무장한 미공군의 적수가 되지 못했습니다.

대만 해협 항공전에서 이미 실전에 투입되었던 사이드 와인더,

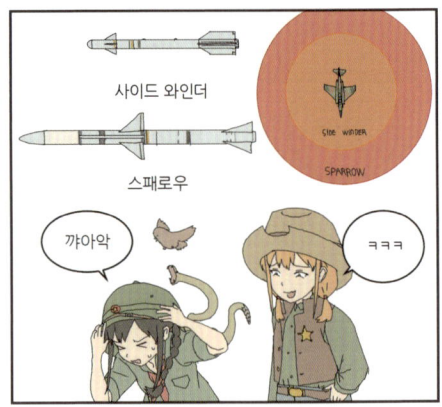

세계 최초의 시계외 전투(BVR)가 가능한 중거리 공대공 미사일 스패로우 등

미군이 전투기의 기총을 제거할 만큼 큰 기대를 걸었던 공대공 미사일은

각종 기술적인 문제로 그 신뢰성에 문제를 보이기도 했지만,

그럼에도 베트남전 중 공대공 격추의 대부분은 미사일에 의한 것이었습니다.

미사일의 압도적인 교전거리는 미군에게 큰 전술적 이점을 주었지요.

때문에 북베트남 공군은 미공군과의 정면 전투를 피하며

하늘의 게릴라처럼 고속 일격이탈 전법을 쓸 수밖에 없었습니다.

소련의 지원으로 북베트남에 건설된 SA-2 대공 미사일 포대는

베트남 항공전을 또 다른 창과 방패의 대결로 이끌었습니다.

대 폭격기용으로 개발된 SA-2는 크고 둔중했지만, 일단 명중한다면 끝장이었습니다.

미사일 경고음이 울리면 폭격기들은 폭탄을 버리고 회피 기동을 취해야 했지요.

이제 미공군은 고고도에서는 지대공 미사일,

저고도에서는 대공포라는 두터운 방공망에 가로막혔습니다.

미 공군은 이에 맞서
방공망 제압 (SEAD*) 전술을 개발했습니다.

적의 대공 미사일의 발사를
유도하고 이를 역추적하여

이는 항공기로 오히려 방공망을 제압하는
극도로 공격적인 전술로써

방공 포대를 파괴하는
단순하지만 위험한 전술부터

* SEAD(Suppression of Enemy Air Defenses)

SA-2의 레이더를 역추적하여 명중하는

일단 슈라이크 미사일이
레이더에 명중하면 백린 화염이 점화되어

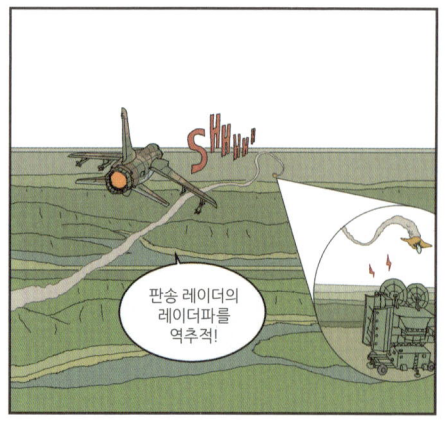

슈라이크 미사일 같은
대레이더 미사일까지 발달해갔지요.

미 공군의 화력을 유도해
방공포대를 박살냈지요.

이에 대항하여 북배트남 방공군은
미사일을 포착하면 레이더의 조사를 꺼

미사일의 유도를 막는 전술을 사용했습니다.

미군은 이에 대항하여
무유도 로켓을 먼저 발사하여

북베트남 방공군을 속이려고 시도했지요.

이러한 전술의 경쟁속에서 점점 방공망 제압을
위한 SEAD 전력은 커졌고

1972년 5월에는 120기의 공격대 중,
32기만이 직접 공격을 위한 폭격기였습니다.

결론적으로는
이런 적 방공망 제압 작전으로

북베트남군의 SA-2 방공포대를
효과적으로 돌파할 수 있었습니다.

그렇다면 막강한 공군력을 통해서
북베트남을 굴복시키고

레이더, 공대공 미사일, 컴퓨터 등
미공군은 각종 첨단 장비로 무장했지만

평화협상으로 북베트남을
끌어올 수 있지 않을까요?

베트남전쟁의 가장 큰 혁신 중 하나는
공중급유였습니다.

공중급유로 인한 사거리의 증대는
이제 비행장을 확보하기 위해서

긴 국토를 가진 베트남에서
북베트남 일대를 타격하기 위해서는

오키나와 전투와 같은 희생을
치루지 않아도 된다는 것이었습니다.

태국과 라오스 상공에서
공중급유를 받는 것이 필수적이었지요.

B-52 전략폭격기의 투입이
가지는 정치적인 리스크를 생각하면

F-4와 같은 전폭기를 이용한 폭격은
전략의 유연화를 가져왔습니다.

또한 항공기의 연료의 무게는
최소화하고 무장을 가득 탑재하고 이륙한 뒤,

공중급유를 통해 연료를 채워
화력을 극대화시킬 수 있었지요.

베트남 전쟁 기간 내내 공중급유기들은
194,687회 출격하여

5억 리터의 항공유를 전장에서 급유했습니다.

문제는 북베트남이 독일이나
일본과 같이 군수품을 직접 생산하는 것이 아닌

중국과 소련으로부터 군수품을
보급받았다는 점입니다.

이러한 보급품들은 중립국 라오스를 통한
"호치민 루트"를 통해서

다시 남베트남 내부의 베트콩
게릴라들에 전달되었습니다.

미공군은 호치민 루트를 차단하기 위해
도로를 유도 폭탄으로 파괴하고

항공지뢰를 투하해
도로의 복구를 지연시켰습니다.

AC-47, AC-130과 같은
저속 기체에 직사화기를 장착한 건쉽은

호치민 루트의 트럭 행렬을
효과적으로 파괴했습니다.

그러나 북베트남군은 메콩강으로
드럼통을 통해 보급품을 흘려보내고

흐린 날씨를 이용하거나,
심지어는 송유관을 설치했습니다.

미군에게는 암울하게도 북폭은 여러 정치적 제약을 받았습니다.

항구와 공항, 인구 밀집지역의 목표물에 대한 공격은 제한되었습니다.

중국과 소련의 군수물자가 들어오는 항구도시 하이퐁과

수도 하노이 인근 지역의 공격은 정치적인 이유로 금지되었습니다.

이 같은 조치는 미국이 북베트남의 절멸을 목표로 공격하는 것이 아닌,

어디까지나 협상을 위한 정치의 일환으로 "점진적인 조치"로 폭격을 가한다는 의미였지요.

하지만 독일과 일본의 전략 폭격의 사례에서 볼 수 있듯이

그 정도의 비용으로 북베트남을 움직이겠다는 것은 오산이었습니다.

북베트남은 오히려 불리한 상황에는
미국과 대화를 이어가며

폭격이 중단된 기간 동안
파괴된 전력을 복구했습니다.

베트남전쟁은 군으로 정치적인
목적을 달성시킨다는

잘못된 판단으로 인해
수렁 속으로 빠져든 것입니다.

국민들은 왜 수십년간 정글에 수많은 폭탄과
인명, 달러를 쏟아붓고도

구체적인 결과물을 보여주지 못하는지
이해하지 못했습니다.

결국 미군은 베트남에서의
점진적인 철수를 선언했습니다.

사이공에서 마지막 헬기가 탈출하며
전쟁의 끝을 알렸습니다.

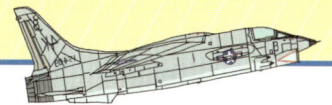

굿모닝 비엣남

　핵무기의 억제력으로 인해 현대 분쟁은 제3국 간의 분쟁에 강대국이 개입하여 자국의 이익을 대변하는 쪽을 지원하는 대리전 양상을 띠었습니다. 강대국 간의 전면전은 핵전쟁으로 이어져 공멸을 부를 가능성이 있기 때문입니다.

　지상군 배치는 높아진 인권의식, 언론과 미디어의 발달로 점점 정치적인 부담이 커졌으며 전선에서 직접적인 접촉이 늘어날수록 전면전 위험은 증가했습니다. 이런 상황에서 공군력을 활용한 군사적 행동은 미국 정치인들에게 매력적인 선택지였습니다. 기존이라면 수천 명의 병사와 막대한 전비와 보급품, 장기간의 작전과 큰 정치적 비용을 투입해야 했을 부담스러운 일을 비교적 가볍게 만들어주었지요. 미 공군은 그들이 지구 어디에 있든 워싱턴의 골칫거리에 순식간에 폭탄을 퍼붓고 다시 아무 일도 없었던 것처럼 돌아올 겁니다.

　베트남전쟁에 개입한 미국의 가장 큰 딜레마는 중국과 소련이 베트남에 개입할 명분을 주어선 안 된다는 것이었습니다. 통킹만에서의 미군과 북베트남군의 국지적인 충돌로 미국의 개입이 시작되었던 만큼, 소련과 중국 또한 우발적인 충돌을 통해 언제든지 개입을 선언할 수 있었습니다. 그런 상황이 일어난다면 전쟁은 순식간에 인도차이나 반도 전체로 번지거나 심지어는 3차 세계대전으로 발전할 가능성이 있었습니다.

　린든 존슨 대통령은 기존의 국경이었던 북위 17도선을 넘는 지상군의 작전을 금지했습니다.

대통령의 목표는 남베트남의 친미 민주주의 정부를 보호해 공산주의 확산을 막고, 현상을 유지하는 것이었습니다. 북베트남군은 중국과 소련의 지원으로 각종 장비와 군사 훈련을 받으며 성장했고, 라오스와 캄보디아를 통해 남베트남의 공산주의 반체제 게릴라인 '남베트남 민족 해방전선'을 지원하며 전선과 후방을 넘나들며 사방에서 남베트남을 공격했습니다.

정치적인 이유로 지상군의 공세적인 작전이 불가능한 상황에서 미국의 북베트남에 대한 직접적인 공격 수단은 공군뿐이었습니다. 대규모 항공 작전으로 북베트남을 굴복시킨다면 협상을 통해 남베트남 정부를 지킬 수 있을 거라고 생각했지요. 그러나 또 다시 정치적인 문제가 합리적인 군사 행동의 족쇄가 되었습니다. 존슨 대통령은 중국과 소련의 군사 고문과 기술자들을 공격하지 않기 위해서 비행장과 지대공 미사일 기지, 항만과 수도 하노이, 중국 국경 인근의 목표물에 대한 교전을 금지했습니다.

1965년 4월 3일, 교량을 폭격하던 F-105가 미그기에 처음으로 격추되었습니다. 존슨 대통령은 북베트남을 지원하는 중국이나 소련군의 미그기를 격추할지도 모른다는 생각에 공중전에서 미그기 격추에 우려를 표했습니다. 미그기는 미 공군의 최신예 전투기 F-4 팬텀에 비하면 구세대 전투기였지만 그 존재만으로 미 공군은 전력을 효과적으로 투사할 수 없었습니다. 미 해군 항공대는 전력의 28%를 미그기에 대처하는 미그 캡 임무에 투입했으며, 미그의 습격을 받은 전폭기들은 무거운 폭탄을 전부 버리고 회피기동에 들어가갔습니다.

　미군 항공기들은 미그기들이 정렬해 있는 '성역'이 된 북베트남 군 공군기지의 바로 위를 날아가면서도 적을 공격할 수 없었습니다. 일선의 조종사들은 이 부조리를 견뎌야 했습니다. 자신과 동료들을 죽일 전투기들이 눈앞에 뻔히 보이는데도 그들이 공중으로 날아오르기 전까지는 공격할 수 없었지요. 1967년 4월 드디어 존슨 대통령은 북베트남 공군기지에 대한 공격을 허가했습니다. 미군의 지속적인 공습으로 미그기들은 손실을 견디지 못하고 중국으로 철수했습니다. 파괴된 공군기지의 수리를 막으려면 파괴된 비행장에도 꾸준한 공습이 필요했지요. 그러나 비행장 폭격은 대통령의 승인을 받는 절차가 필요했으며, 3국의 외교관이 북베트남에 입국하거나, 미국과 북베트남의 협상 같은 정치적인 이유로 중단되는 경우가 잦았습니다. 공군은 워싱턴의 호치민에 대한 몽둥이인 동시에 당근이 되어야 했습니다.

　북베트남 공군은 중국이라는 도피처와 소련의 꾸준한 재보급으로 전력을 복구하고 '하늘의 게릴라'로서 미공군을 꾸준히 괴롭혔습니다. 미그기의 문제는 사실상 베트남전쟁의 근본적 딜레마에 대한 작은 축소판과 같았습니다. 북베트남의 강력한 통일에 대한 의지와 중국과 소련의 물적, 정치적 지원이 유지되는 한 미국은 베트남에서 전투에서 이길 수는 있지만, 전쟁에서 승리할 수 없었습니다.

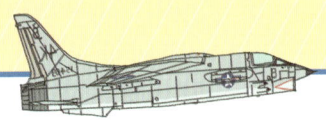

F-4 팬텀

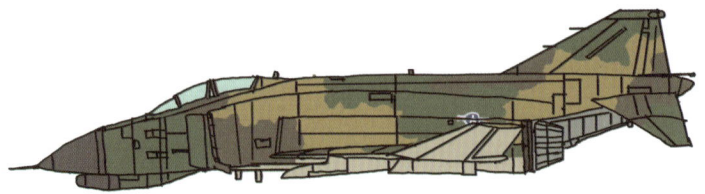

 본래 장거리 전투 공격기로서 설계되었던 2인승 쌍발 엔진의 F-4 팬텀은 긴 작전반경과 강력한 추력에서 나오는 넉넉한 여유 중량을 바탕으로 여러 차례의 개량을 거쳐 베트남전에 이르러서는 전천후 전폭기가 되었습니다.

AN/APQ 109 레이더

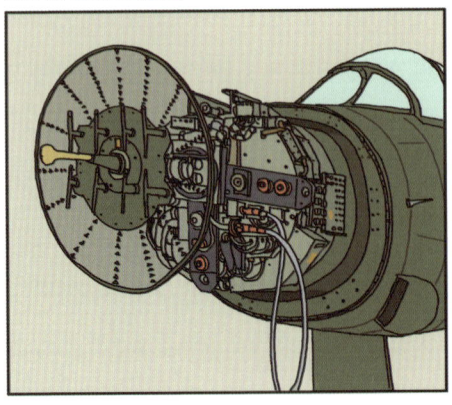

 F-4 팬텀의 길쭉한 기수에 장착된 강력한 장거리 레이더와 조종사의 부담을 덜어주는 후방에 탑승하는 무장사, 공대공 미사일, 항공폭탄, 로

켓, 건 포드, 전자전 포드, 외부연료탱크 등의 다양한 무장을 장착할 수 있는 하드포인트로 9개를 가진 팬텀은 공대공 전투부터 적 방공망 제압까지, 다양한 임무에서 활약할 수 있었지요.

  F-4 팬텀을 상대하는 북베트남 공군의 주력 기체는 소련제 미그-17이였습니다. 1인승 단발 엔진의 미그-17은 전면 핵전쟁 시 소련으로 날아올 미공군의 핵무기를 장착한 전략폭격기들을 요격할 목적으로 설계되었지요. 덕분에 폭격기를 상대하기 위한 2문의 23 MM 기관포와 1문의 37 MM 기관포를 장착한 하드펀처이기도 했습니다. 미그-17에게는 팬텀과 같은 자체 레이더와 공대공 미사일은 없었지만, 지상 레이더 기지의 관제를 통해서 미군의 위치를 파악하고 레이더 탐지가 어려운 저공으로 접근하여 단발 단좌 기체의 훌륭한 조작성으로 일격이탈 전술을 펼쳤습니다.

미그-17

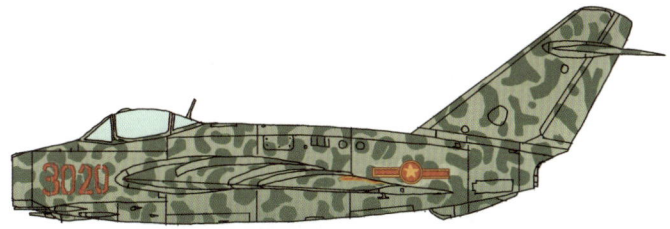

인트로

8년 동안 이어진 이란-이라크 전쟁으로
이라크의 사회와 경제는 크게 소모된 상태였습니다.

이제 이라크에는 800억 달러의 빚과
세계 4위의 규모로 불어난 군대만이 남았습니다.

이라크의 독재자 사담 후세인은
주변국을 비난하기 시작했습니다.

아랍 국가들을 대표한 성전을 치르는 동안
이라크의 피에서 경제적인 이익만을
노렸다는 것입니다.

후세인은 이웃나라인 쿠웨이트가
이라크 내의 원유를 몰래 시추하고 있다며

약 270억 달러 규모의 경제적인
배상을 요구했습니다.

1990년 8월 2일, 마침내 이라크군은
쿠웨이트를 전면 침공했습니다.

소국 쿠웨이트는 순식간에 붕괴하며
이라크군에 점령되었지요

인트로

작은 크기에도 불구하고 이라크와 비슷한
규모의 원유가 매장되어 있는 쿠웨이트 침공은

사담 후세인의 이란-이라크 전후
경제 문제의 돌파구였습니다.

이 걸프만의 전쟁은 언제 확전되어 사우디를 덮칠지 모릅니다.

미국은 핵심적인 중동의 동맹국이자 주요 석유 공급처인 사우디를 지켜야 했습니다.

작전명 "사막의 방패"가 개시되어 미군이 사우디의 방어를 위해 급파되었습니다.

민간 예비항공대가 인원 수송의 64%를 담당하여 32만 명을 수송했지요.

그러나 이라크는 우려했던 사우디 침공 대신 쿠웨이트의 전면적인 합병을 선언하고

점령지를 방어하기 위해서 사우디 국경지대의 요새화를 시작했습니다.

이제 목표는 사우디의 방어에서 불법적으로 점령된 쿠웨이트의 해방으로 확장되었습니다.

미국을 포함한 38개 국가가 모여 다국적군을 구성했습니다.

다국적군은 1991년 1월 15일까지 이라크군이
쿠웨이트에서 철수하지 않는다면

군사행동을 개시하겠다고 선언했습니다.

다국적군의 대규모 항공 작전이
전쟁의 시작을 알릴 것입니다.

미공군은 베트남과 2차 세계대전의 느리고
인내심이 필요한 전략 폭격과는
다를 것을 장담했습니다.

이 공습 계획은 속칭
"인스턴트 썬더"라고 불렸습니다.

4년 동안 이어졌던 롤링썬더 작전의 성과를
단 한 달 안에 보이겠다는 것입니다.

미군의 4단계 전쟁 계획의
첫 번째 단계는 이라크와 쿠웨이트의 제공권을
장악하는 것입니다.

그러나 이전의 전쟁처럼 전선의 외곽부터
순차적으로 적을 공격하지 않았습니다.

신병기인 순항미사일과
스텔스 폭격기 F-117의 등장으로

미군은 이라크 영내 깊숙이 침투하여
핵심 군사 시설과 통신망을 파괴할 수
있었습니다.

레이더 반사파를 분산시키는
흑요석을 닮은 각진 기체, 전파 흡수 도료

그리고 두 발의 레이저 유도폭탄은
F-117을 20세기의 가장 치명적인 폭격기로
만들었습니다.

그럼에도 스텔스기가 실전에서 방공망을
돌파하는 것은 처음 시도하는 일이었습니다.

역사적으로도 서류상으로는 완벽한 신병기가
처참하게 실패하는 일은 다반사였지요.

F-117은 밤하늘에서 대공포의 탄막이 춤추는
바그다드 상공을 미끄러지듯 횡단했습니다.

아무도 그들이 여기 있다는 것을 몰랐습니다.

가장 중요한 목표물은 바그다드 시내의
12층짜리 건물인 국제 통신 센터였습니다.

이라크군의 군사 통신선 절반과
국외 전화선이 이 건물을 경유했습니다.

사막의 폭풍 첫째 날, 이 건물보다
높은 순위의 목표물은 없었습니다.

통신망과 지휘체계가 붕괴된 이라크군은
암흑 속에서 홀로 싸우게 될 것입니다.

사막의 폭풍 작전에서 받게 될
다국적군의 피해 규모가

이라크군 통신망 파괴의 성패에
달렸다고 해도 과언이 아니었습니다.

텔레비전을 켜자 CNN의 바그다드
생중계 영상이 끊겨 있었습니다.

F-117은 유유히 바그다드를
빠져나오며 임무를 성공했습니다.

미해군 또한 122발의 토마호크 미사일을 일제히 발사하여

바트당 본부, 스커드 미사일 공장, 대통령궁 등 이라크의 주요 전략 목표물을 폭격했습니다.

지상의 지형을 탐지하여 유도되는 토마호크 미사일의 특성상

평평한 이라크의 남동부 사막을 가로지른다면 유도에 실패할 가능성이 컸습니다.

차선책으로 자그로스 산맥을 따라 이란 영공을 지나가는 것이 제안되었지요.

이란은 미국과도 적대적인 관계였지만 중립을 선언했습니다.

바그다드 시내의 기자들은 머리 위를 순식간에 스쳐 지나가

국방부 청사에 빨려 들어가듯 충돌하는 토마호크를 보며 경악했습니다.

일부 토마호크 미사일은 전력선을 파괴하는
탄소 섬유를 자탄으로 살포하는

"정전폭탄"으로
이라크의 전력망을 마비시켰습니다.

이라크 공군은 최대한 전력을
보존하기 위해서

소규모 순찰 비행을 제외하면
별다른 움직임을 보이지 않았습니다.

그러나 정밀 유도폭탄은
철근 콘크리트로 방호되는 격납고마저

정확히 관통하여 이라크군의
항공기들을 파괴했지요.

통신망이 파괴된 이라크군 방공망으로
미끼 드론들이 발사됐습니다.

이라크군은 드론에 대공 미사일을
발사하며 위치를 노출했습니다.

대레이더 미사일인
AGM-88 HARM 75발이 발사되어

그중 절반이 이라크군
레이더 사이트를 명중했습니다.

이라크군은 호출부호 "매그넘"이
HARM 미사일을 발사한다는 뜻이라는 것을
깨달았습니다.

이후 무선으로 "매그넘"이 호출되면
이라크군은 레이더를 재빠르게
꺼버리곤 했습니다.

그럼에도 여전히 살아남은 이라크군
대공 미사일은 다국적군에게 저항했습니다.

파일럿들은 미사일이 일단 발사되면
회피 기동을 통해 대처해야 했지요.

충돌 4-5초 전에 급기동을 취한다면
이론적으로는 미사일을 회피할 수 있었습니다.

너무 빨라도, 너무 늦어도
미사일의 먹잇감이 될 것입니다.

걸프전쟁은 세계에 현대전이
어떤 것인지 보여주었습니다.

정밀유도폭탄과 스텔스기, 순항미사일은
전쟁의 "비디오 게임화"라는 인상을
남겼습니다.

그러나 "사막의 폭풍"은
신화에 불과하다는 지적 또한 있습니다.

이라크군 통신망은
지하화된 통신선으로 유지되었으며

일부 전문가는 지상전의 양상을
보았을 때 다국적군은

항공 작전 없이도 손쉬운 승리를
거두었을 것이라는 의견을 남겼습니다.

그러나 확실한 사실은
"사막의 폭풍"의 일련의 항공 작전은

여태까지 "부수적 피해"로 불리는
민간인 사상자를 크게 줄였습니다.

다국적군은 6주간의 항공 작전으로
88,500톤의 폭탄을 투하했습니다.

반면 민간인 피해의 차이는 엄청났습니다.

3년 반 동안의 롤링 썬더 작전에서는
그 10배의 864,000톤을 투하했습니다.

미 국방부에 따르면 롤링썬더 작전으로
182,000명의 민간인이 사망했습니다.

이는 걸프전의 민간인
사상자의 79배의 달합니다.

2차 세계대전기의 전략 폭격은
수백만 명의 민간인 피해를 냈지요.

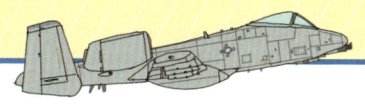

사막의 폭풍

　베트남전쟁에서 미군이 상대했던 소련제 지대공 미사일 SA-2는 항공 작전에 큰 장애물이었습니다. SA-2에 조준된 항공기들은 무장을 버리고 회피기동을 취해야 했습니다. 미군 항공기는 무기를 덜어내고 전자전을 위한 재밍 포드 장비를 추가로 탑재해 화력이 줄었습니다. 공습은 생존력이 낮은 B-52 같은 대형 폭격기 대신 다수의 전폭기를 투입해야 했습니다. 레이더의 조준을 방해하는 채프를 살포해 안전한 통로를 개척하는 항공기도 필요해졌지요. 1972년 5월 공습에 투입된 항공기 120대 중 32기만이 실제로 목표물을 때릴 폭격기였으며 나머지는 전부 폭격기들을 지원하는 항공기였지요.

　베트남전쟁에서 20년이 지난 1991년, 걸프전쟁의 미공군 지휘관들은 전선에서 북베트남의 방공망과 씨름했던 사람들이었습니다. 이들이 베트남전쟁에서 겪었던 수많은 항공 작전의 성공과 실패는 많은 교훈을 남겼습니다. 20년 전 교훈은 미 공군이 4년간 수많은 폭탄과 세금을 퍼부었지만 결국은 실패했던 롤링 썬더 작전의 목표를 단 일주일 안에 이룰 '사막의 폭풍' 작전의 밑거름이 되었습니다.

　이라크군은 소련제 전차와 지대공 미사일로 이루어진 단단한 외골격, 물류 시스템, 군수 공장, 정유 시설이라는 소화기관, 통신 시스템과 지휘부와 사담 후세인이라는 뇌로 구성되어 있었습니다. 하나라도 다른 체계와 분리된다면 전체 시스템이 붕괴될 겁니다. 그리고 이 중 가장 연약한 부위는 '뇌'를 구성하는 사담 후세인과 이라크군 지휘부 그리고 통신 시설이었습니다. 그러나 이런 지휘체계와 통신 시스템은 적의 가장 깊숙한 종심에서 가장 두터운 보호를 받는 너무 작은 목표물이기 때문에 걸프전 이전의 전략 폭격은 산업 시설과 물류 시스템과 같은 '소화기관'을 목표로 했습니다.

세계 최초의 스텔스기 F-117은 머리부터 발끝까지 첨단 기술로 무장했습니다. 컴퓨터 시뮬레이션을 통해 레이더파를 최대한 산란하도록 설계된 다이아몬드형 동체는 여태까지 쌓아올린 공기역학을 전부 무시하는 형상으로, 도저히 비행이 불가능해 보였습니다. 공기역학자 사이에서는 '희망 없는 다이아몬드'로 불렸지요. 이 '희망없는 다이아몬드'가 스텔스 성능을 유지하면서도 항공기로서 날 수 있으려면 두 가지 서로 반대되는 기술이 적절한 균형을 유지해야 했습니다.

과거 베트남전의 미 공군은 영양가 있는 목표물을 타격하려면 우선 북베트남군의 딱딱한 외골격인 공군기지와 지대공 미사일을 먼저 제압하는 고통스러운 과정을 거쳐야 했습니다. 그래서 미군은 방공망을 돌파하기 위한 병기와 전술들을 꾸준히 개발해왔지요. 이제는 그 성과를 보여줄 때가 온 겁니다. 최신예 병기인 F-117 스텔스 폭격기와 순항미사일은 적의 외골격을 우회하고 이라크군의 통신망을 파괴해 사담 후세인을 그의 군대와 분리시키는 '전두엽 절제술'을 수행했습니다.

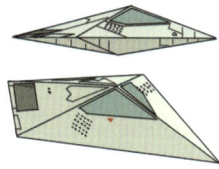 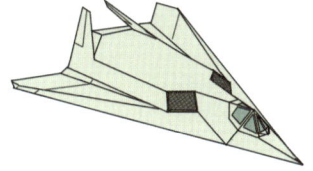

Hopeless Diamond　　　　　XST 사업 록히드 최종 설계

　세계 최초의 스텔스기 F-117의 개발 배경은 1974년으로 거슬러 올라갑니다. DARPA(국방고등연구계획국)는 베트남전의 전훈을 바탕으로 레이더 방공망에서 항공기의 생존성을 보장하기 위한 XST eXperimental Survivable Testbed 계획을 시작했습니다. F-117을 개발한 록히드 사의 전설적인 항공기 엔지니어 켈리 존슨이 이끄는 엘리트 그룹 '스컹크 웍스'는 초음속 정찰기 SR-71 개발에서 최초로 스텔스 소재와 도료를 사용했던 스텔스 기술의 선구자였지만, XST 사업에는 정작 록히드가 제외되어 있었습니다.

록히드 사는 1960년대 이후로는 전술기 사업에 더는 참여하고 있지 않았으며, SR-71에 적용된 저피탐 기술은 극비로 개발되어 알려지지 않았기 때문이었습니다. 록히드는 뒤늦게 연구 개발비로 단 1달러를 받는 계약으로 XST 사업에 중도 참여하게 되었지요. 스컹크 웍스는 항공기의 레이더 단면적을 측정하는 자체 개발 컴퓨터 프로그램 'ECHO 1'을 통해 설계한 레이더파를 산란하는 다이아몬드형 동체에 델타익을 추가하고, 동체 후미 상단에 길쭉하게 자리잡은 배기구는 적외선과 열을 분산시켜 방출하며, 무장은 레이더 단면적을 최소화하기 위해서 내부 무장창에 장착했습니다.

　이후 노스롭 사의 설계와 맞붙은 최종 테스트에서 록히드 사의 설계가 노스롭 사의 것보다 우월한 것으로 판명되어 무난하게 XST 사업 대상자로 선정되었지요. 이때의 기체 형상은 큰 변경 없이 F-117까지 이어졌지만 배기구의 적외선 방출을 가려줄 것으로 예상된 안쪽으로 기울어진 설계의 꼬리날개는 오히려 지상으로 적외선을 반사하는 것으로 나타나 지금의 V 테일 형상으로 변경되었습니다.

그 탄생부터 항상 항공기와
군사적인 용도는 함께했습니다.

그러나 항공 기술의 진보는
적어도 아직까지는

앞으로도 언제나 항공기와
전쟁은 함께 할 것입니다.

우리에게 더 밝은 미래를
열어주는 것으로 보입니다.

우리는 지구 반대편으로 수십 톤의 폭탄을
나르는 스텔스기를 만들었지만

어쩌면 선사시대의 우리의 조상들이
하늘을 자유롭게 나는 새들을 보았을 때부터

동시에 장거리 국제 항공편은
세계화된 지구촌 시대를 만들었습니다.

비행은 우리의 꿈이었을지도 모릅니다.

언젠가 비행을 경험하게 될 때
한 번쯤은 비행의 꿈을 꾸며

항공기와 함께 살고 죽었던 사람들을
생각해보셔도 좋을 것입니다.

부록
가벼운 **항공기 사전**

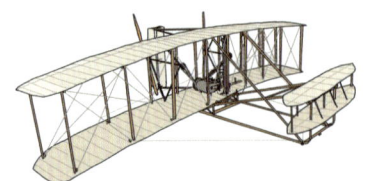
플라이어 1 (1903)- 라이트 형제 (미국)

타우베 (1909)- 이고 에트리히 (독일)

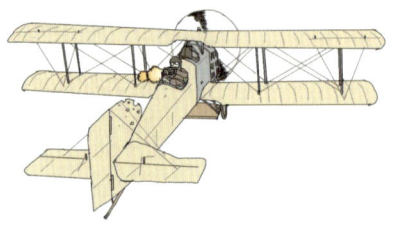
B.E.2 (1912)- 왕립항공협화 (영국)

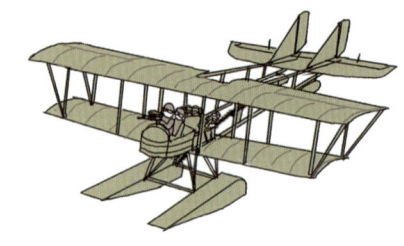
파르망 MF.11 (1913)- 파르망 (프랑스)

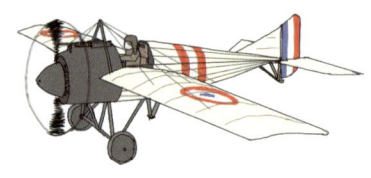
모랑 솔니에 N (1914)- 모랑 솔니에 (프랑스)

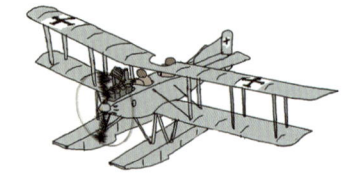
FF.33 (1914)- 프리드리히스하펜 항공 (독일)

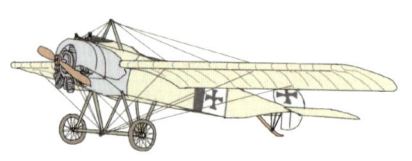
포커 아인데커 (1915)- 포커 (독일)

솝위드 베이비 (1915)- 솝위드 (영국)

*년도는 초도 비행 기준

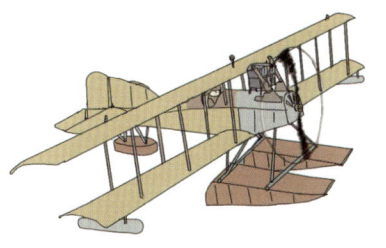
쇼트 타입 184 (1915)- 쇼트 브라더스 (영국)

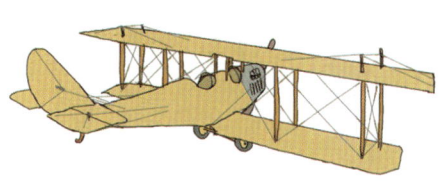
커티스 JN-4 (1915)- 커티스 (미국)

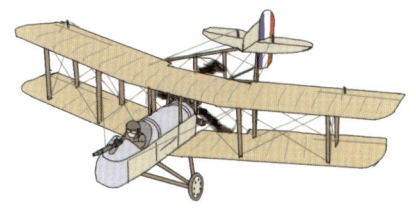
에어코 DH.2 (1915)- 에어코 (영국)

뉴포르 11 (1916)- 뉴포르 (프랑스)

알바트로스 D.III (1916)- 알바트로스 (독일)

알바트로스 W.4 (1916)- 알바트로스 (독일)

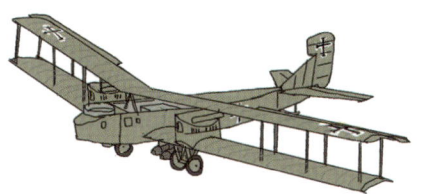
고타 G.IV (1916)- 고타 (독일)

스파드 S.XIII (1917)- 스파드 (프랑스)

솝위드 쿠쿠 (1917)- 솝위드 (영국)

포커 Dr.1 (1917)- 포커 (독일)

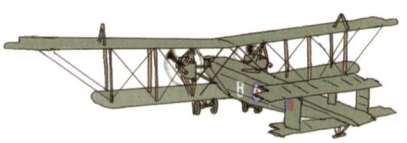
빅커스 비미 (1917)- 빅커스 (영국)

더글라스 월드 크루저 (1923)- 더글라스 (미국)

르바세르 PL.4 (1926) - 르바세르 (프랑스)

JU 52 (1930)- 융커스 (독일)

DO 11 (1932)- 도르니어 (독일)

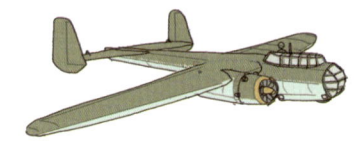
DO 17 (1934)- 도르니어 (독일)

BF 109 (1935)- 메서슈미트 (독일)

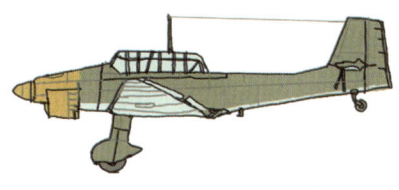
JU 87(1935)- 융커스 (독일)

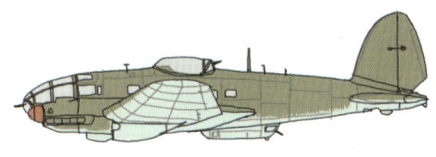
HE 111 (1935)- 하인켈 (독일)

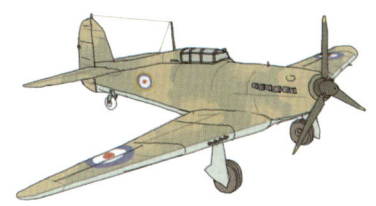
호커 허리케인 (1935)- 호커 (영국)

B-17 (1935)- 보잉 (미국)

TBD 데바스테이터 (1935)- 더글라스 (미국)

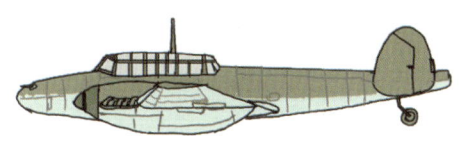
BF 110 (1936)- 메서슈미트 (독일)

97식 중폭격기 (1936)- 미쓰비시 (일본)

스핏파이어 (1936)- 슈퍼마린 (영국)

F4F 와일드캣 (1937)-그루먼 (미국)

97식 함상 공격기 (1937)- 나카지마 (일본)

99식 함상 폭격기 (1938)- 아이치 항공 (일본)

IL-2 (1939)- 일류신 (소련)

0식 함상 전투기 (1939)- 미쓰비시 (일본)

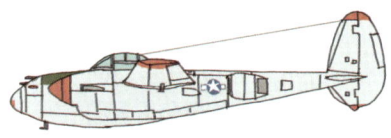
P-38 라이트닝 (1939)- 록히드 (미국)

0식 수상 정찰기(1939)- 아이치 항공 (일본)

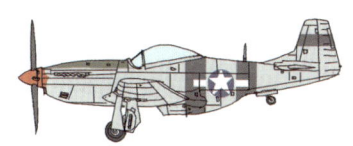
P-51 머스탱 (1940)- 노스 아메리칸 (미국)

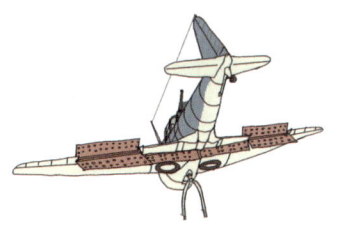
SBD 돈틀레스 (1940)- 더글라스 (미국)

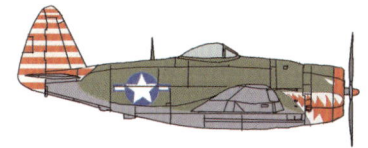
P-47 썬더볼트 (1941)- 리퍼블릭 (미국)

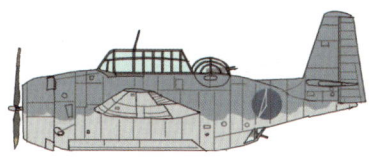
TBF 어벤저 (1941)- 그루먼 (미국)

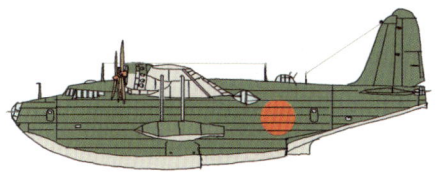
2식 대정 (1941)- 카와니시 (일본)

아브로 랭커스터 (1941)- 아브로 (영국)

B-29 슈퍼 포트리스 (1942)- 보잉 (미국)

ME 262 (1942)- 메서슈미트 (독일)

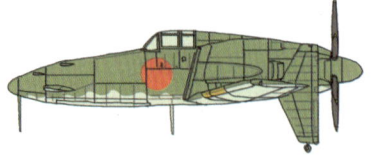
J1W1 신덴 (1945)- 큐슈 항공 (일본)

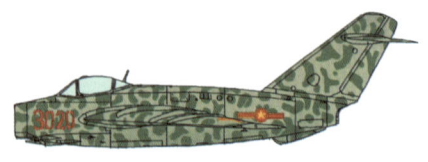
MIG-17 (1950)- 미코얀-구레비치 (소련)

B-52 스트라토 포트리스 (1952)- 보잉 (미국)

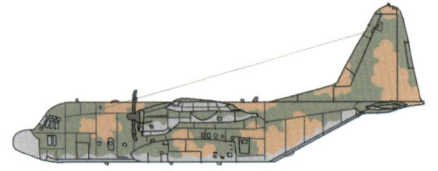
C-130 허큘리스 (1954)- 록히드 (미국)

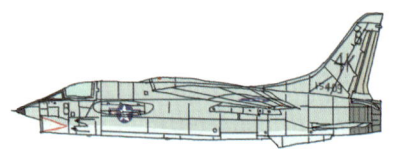
F-8 크루세이더 (1955)- 보우트 (미국)

F-105 썬더치프 (1955)- 리퍼블릭 (미국)

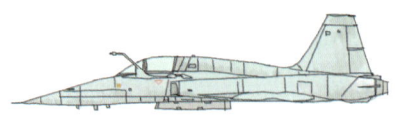
F-104 스타파이터 (1954)- 록히드 (미국)

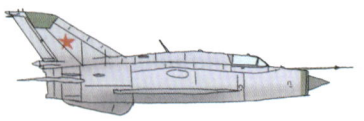
MIG-21 (1956)- 미코얀-구레비치 (소련)

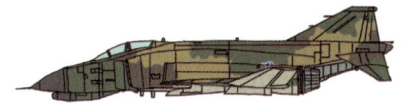
F-4 팬텀 (1958)- 맥도널 더글라스 (미국)

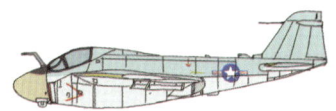
A-6 인트루더 (1960)-그루먼 (미국)

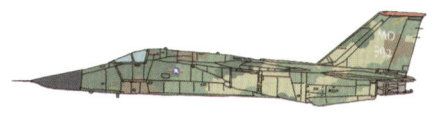
F-111 아드바크 (1964)- 제네럴 다이내믹스 (미국)

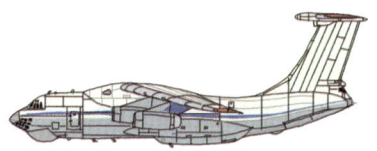
IL-76 (1971)- 일류신 (소련)

F-14 톰캣 (1970)- 그루먼 (미국)

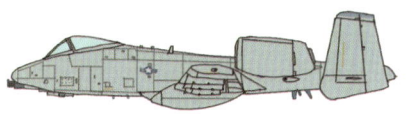
A-10 썬더볼트 (1972)- 페어차일드 리퍼블릭 (미국)

F-15 이글 (1972)- 맥도넬 더글라스 (미국)

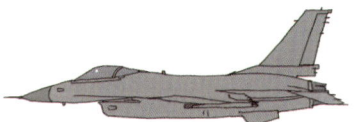
F-16 파이팅 팔콘 (1974)- 제너럴 다이내믹스 (미국)

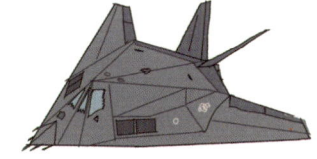
F-117 나이트호크(1981년) - 록히드(미국)

가벼운 항공전의 역사
1차 세계대전부터 걸프전까지 항공전으로 배우는 비행기의 역사

초판 1쇄 발행 2023년 11월 10일

글·그림 우동닉

펴낸이 최현우 · **기획·편집** 최현우
디자인 박세진 · **조판** SEMO

펴낸곳 골든래빗(주)
등록 2020년 7월 7일 제 2020-000183호
주소 서울 마포구 양화로 186 LC타워 5층 514호
전화 0505-398-0505 · **팩스** 0505-537-0505
이메일 ask@goldenrabbit.co.kr
홈페이지 www.goldenrabbit.co.kr
SNS facebook.com/goldenrabbit2020
ISBN 979-11-91905-43-4　03000

* 파본은 구입한 서점에서 바꿔드립니다.

우리는 가치가 성장하는 시간을 만듭니다.

골든래빗은 가치가 성장하는 도서를 함께 만드실 저자님을 찾고 있습니다.
내가 할 수 있을까 망설이는 대신, 용기 내어 골든래빗의 문을 두드려보세요.
apply@goldenrabbit.co.kr

이 책은 대한민국 저작권법의 보호를 받습니다.
일부를 인용 또는 재사용하려면 반드시 저자와 골든래빗(주)의 동의를 구해야 합니다.